Introducción a la informática

EDICIÓN 2024

ANA MARTOS RUBIO

INFORMÁTICA PARA MAYORES

Montaje de cubierta: Celia Antón Santos

Responsable editorial: Víctor Manuel Ruiz Calderón

Valentín Beato, 21. 28037 Madrid

Depósito legal: M. 13.504-2023

ISBN: 978-84-415-4839-8

Impreso en España

Índice

Introducción

LA TRANSFORMACIÓN DIGITAL

La expresión "transformación digital" se refiere al proceso que está siguiendo el mundo en que vivimos para adaptarse a los cambios que la digitalización está produciendo en la sociedad, no solamente en el sector tecnológico, sino en la mayoría de los ámbitos de nuestra vida, desde el acceso a los organismos públicos o privados hasta la comunicación intrafamiliar. No cabe duda de que la transformación digital aporta numerosas ventajas en muchos aspectos, como la educación o la economía, pero también complica la vida a los que hemos vivido apartados de lo que ya puede dejar de llamarse "nuevas tecnologías".

Para muchos de nosotros, los cambios de la transformación digital suponen un quebradero de cabeza que nos obliga a adaptar nuestros hábitos a circunstancias que nos son ajenas, pero que no tenemos más remedio que adoptar si queremos seguir viviendo en sociedad.

La agenda digital del gobierno, llamada España Digital 2025, tiene el objetivo de impulsar la transformación digital con la participación, tanto pública como privada, de agentes económicos, empresariales y sociales. Por su parte, la Unión Europea y los organismos financieros internacionales pondrán en breve a nuestra disposición el euro digital y el monedero de identificación digital. Por todo esto y para entrar con pie firme en el mundo digital, es preciso conocer algunos conceptos básicos de la informática que se pueden aplicar a los diversos tipos de dispositivos. Son conceptos relativos tanto al ordenador como al teléfono inteligente o a la tableta.

Este libro se centra en el ordenador personal con Windows, ya sea de sobremesa o portátil y en el teléfono equipado con Android. Le ayudará a conocer, paso a paso, los recursos del ordenador y sus correlaciones con un teléfono o una tableta. Es un libro para consultar, para descubrir y para conocer los porqués de la informática y aprender los trucos precisos para manejarla. Ponga el libro junto a su equipo, ábralo por el capítulo que desee, ponga en marcha su ordenador o teléfono y compruebe lo fácil que resulta todo.

1

EL ORDENADOR, LA TABLETA Y EL MÓVIL

Un ordenador (PC, tableta electrónica o móvil inteligente) es una máquina electrónica capaz de resolver problemas aritméticos y lógicos mediante el empleo de aplicaciones informáticas. La importancia de estos aparatos, en la figura 1.1, es la precisión y la velocidad con que son capaces de ejecutar la tarea que se les encomiende.

Figura 1.1. Diferentes ordenadores, tabletas y móviles.

EL MEJOR EQUIPO

El mejor equipo informático es el que mejor se ajusta a las necesidades del usuario, a las tareas que va a llevar a cabo y, además, a la facilidad de manejo, de traslado, de configuración y de seguridad.

Antes de adquirir un ordenador, una tableta electrónica o un teléfono inteligente, conviene que se asesore con el profesional de la tienda, indicándole sus necesidades y sus intereses. El ordenador adecuado es el que mejor se ajuste a la actividad que usted vaya a realizar con él.

Es importante adquirir el equipo en un establecimiento que responda a sus solicitudes de ayuda, no solamente al comprarlo, sino después, cuando tropiece con algún obstáculo y necesite asistencia.

- Si se limita a intercambiar mensajes, imágenes y vídeos en el correo o en redes sociales como WhatsApp, Instagram, Facebook, etc., un teléfono inteligente o una tableta electrónica pueden ser suficiente para usted. Incluso puede encontrar teléfonos inteligentes básicos con los botones imprescindibles para esas funciones. La tecnología Bluetooth realiza conexiones inalámbricas que permiten conectar un teclado, un ratón e incluso una impresora a una tableta o a un teléfono móvil que disponga de las prestaciones necesarias, y utilizarlos como un ordenador.
- Si su actividad incluye realizar pequeños trabajos de escritura, dibujo, retoque fotográfico o empleo de diversas aplicaciones de tipo cultural o educativo, la tableta electrónica puede resultarle útil. Son ligeras y cómodas, su pantalla es mucho más amplia y clara que la del teléfono móvil, pero tienen el inconveniente de su fragilidad.
- Si va a realizar trabajos con aplicaciones complejas, como documentos, hojas de cálculo, bases de datos, etc., y necesita desplazarse y llevar consigo el ordenador, lo más práctico es un portátil. Son sólidos y potentes, pero su inconveniente principal es su rigidez, ya que son muy compactos y es muy difícil reparar o ampliar un elemento, haciendo necesario reparar el equipo completo. Otro inconveniente es que necesitan apagarse con cierta frecuencia porque carecen de ventilador interno y se calientan.
- Si precisa el ordenador para tareas largas y complejas, para descargas largas y, además, va a utilizarlo siempre en el mismo lugar, lo mejor es un ordenador de sobremesa. Son sólidos, duraderos y flexibles. Se pueden ampliar,

pueden estar funcionando constantemente gracias a su ventilador, se les pueden conectar innumerables dispositivos y, si se produce una avería, se puede reparar el elemento averiado. Su inconveniente es que son pesados y difíciles de transportar. Además, necesitan conexión continua a la red eléctrica.

- Existe también un tipo de ordenador denominado *All in One* (todo en uno) que tiene todos los componentes dentro de la misma carcasa, lo cual lo hace muy cómodo y compacto. Además, dispone de pantalla táctil, lo que permite manejar la información con los dedos y evita teclados y ratones.

Ventajas

- Los equipos *All in One* ocupan menos espacio que los de sobremesa, necesitan menos cables y, por tanto, consumen menos electricidad, su pantalla es táctil y tan grande como la de un equipo de sobremesa y lleva altavoces incorporados. Se alimentan con una batería, por lo que no precisan estar enchufados continuamente a la red eléctrica. Su mayor ventaja es su compacidad, pues no llevan caja, sino que todo se condensa en la pantalla.
- Los ordenadores de sobremesa son más flexibles que los equipos *All in One*, por lo que es más fácil modificar o actualizar sus piezas y componentes. Su mayor ventaja es la flexibilidad.
- Los ordenadores portátiles ofrecen prestaciones prácticamente idénticas a los de sobremesa, en cuanto a potencia y velocidad. Son fáciles de transportar y llevan incorporada la pantalla, los altavoces, el micrófono y la cámara. Se alimentan con una batería, por lo que no precisan estar enchufados a la red eléctrica. Su mayor ventaja es su movilidad.

Desventajas

- Los equipos *All in One* son más compactos que los de sobremesa, por lo que es muy difícil actualizarlos o cambiar un componente y no son fácilmente transportables.
- Los equipos de sobremesa no son transportables, ocupan mucho espacio y requieren numerosos cables y conexiones. Es preciso instalar altavoces, micrófono, cámara, así como un teclado y un ratón para introducir datos. Necesitan mantenerse conectados a la red eléctrica.
- Los equipos portátiles son incómodos y poco ergonómicos para trabajar muchas horas, porque su manejo requiere posturas forzadas y su pantalla es pequeña. Esto se puede solucionar conectando un teclado y un ratón bien por conexión USB o inalámbrica, lo que permite situar los instrumentos de escritura a un nivel más bajo que el ordenador. Para agrandar la pantalla, lo más práctico es conectar una pantalla más grande o incluso un pequeño televisor que se conecta al puerto HDMI y produce resultados excelentes de tamaño y calidad. De esta forma, el portátil queda convertido en un equipo de sobremesa, manteniendo sus prestaciones de origen, como movilidad, micrófono y cámara integrados.

RECOMENDACIONES PARA EVITAR LOS PROBLEMAS FÍSICOS CAUSADOS POR EL USO PROLONGADO DE UN ORDENADOR

El diseño inadecuado del mobiliario que se utiliza para trabajar con el ordenador o las posturas incorrectas frente al mismo son con frecuencia origen de dolencias, como tendinitis en la muñeca o en el brazo con el que se maneja el ratón, el panel o la pantalla táctil, sobre todo si se dedican muchas horas al uso del ordenador. La consecuencia puede ser dolor de cuello, de hombro o de muñeca.

Por eso, si usted piensa dedicar largo tiempo a trabajar con el ordenador o el teléfono, considere las siguientes normas:

- Se recomienda tener en cuenta el tiempo que los ojos permanecen frente a una pantalla electrónica. Para evitar molestias oculares, como ardor, picor o fatiga frente a la pantalla del ordenador, es preciso apartar la vista de la pantalla al menos cada media hora y parpadear con frecuencia, para aportar humedad a los ojos. También se pueden utilizar gafas con un filtro especial para las radiaciones del monitor, que se consiguen en cualquier óptica.
- Es mejor situar el ordenador perpendicularmente a la ventana. Si lo coloca de espaldas o de frente, se producirán fuertes contrastes de luz que son muy perjudiciales para la vista.
- Se aconseja una distancia entre el usuario y la pantalla de entre 40 y 70 centímetros.
- Es conveniente utilizar una silla con brazos o un reposamuñecas ante el teclado y el ratón, que permita apoyar ambas muñecas. Debe hacerse una pausa al menos cada hora para desentumecer el cuerpo y estirar los músculos. Recuerde mantener el teclado y el ratón a la altura del codo como máximo y que sus pies siempre deben de apoyarse en el suelo o en una plataforma adicional.
- Si utiliza una tableta o un teléfono móvil, recuerde que la postura inadecuada de mantener mucho tiempo la cabeza girada hacia abajo puede dañar sus vértebras cervicales. Es aconsejable descansar con frecuencia y utilizar una almohada cervical que le permita apoyar la cabeza en el respaldo de la silla mientras utiliza el móvil o la tableta. Deje de trabajar cada hora y haga estiramientos de vértebras cervicales. Su médico le indicará la mejor forma de hacerlo para no dañarse.

- Nunca coloque el portátil sobre sus piernas. Es recomendable colocarlo siempre sobre una mesa, al igual que la tableta electrónica o el teléfono móvil, si los emplea durante un tiempo largo.
- También puede adquirir un soporte para el ordenador portátil, que lo mantendrá siempre a la altura deseable. Además, eso le obligará a conectarle un teclado y un ratón inalámbricos, como se ha indicado anteriormente.
- Utilice siempre una mesa que tenga la altura adecuada, nunca una mesa baja, como se ve en la figura 1.2. Si va a dedicar mucho tiempo al ordenador, lo más conveniente sería adquirir una mesa especial de las que permiten poner la pantalla a la altura de los ojos, ya sea con el soporte para ordenador portátil o conectándole una pantalla de televisión o de ordenador de sobremesa. En cuanto al teclado y al ratón, han de ir siempre situados en el tablero inferior de la mesa, de forma que no tenga que elevar el brazo para trabajar.

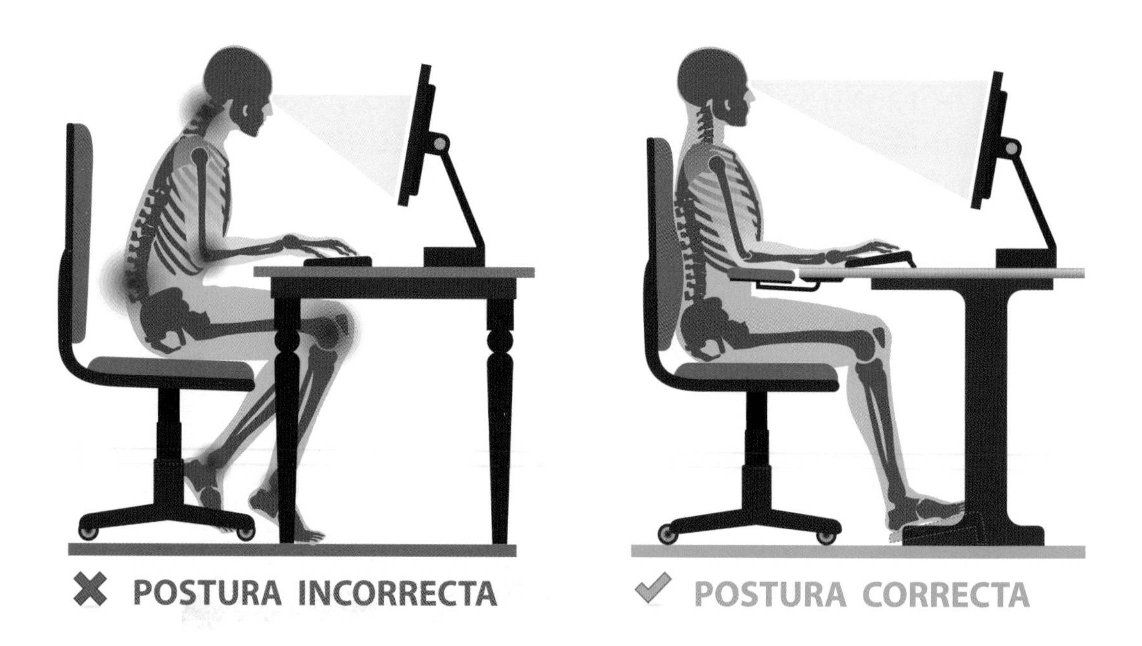

Figura 1.2. Ergonomía frente al ordenador

EL MEJOR TELÉFONO

Los teléfonos inteligentes ofrecen prácticamente las mismas prestaciones que los ordenadores, pero tienen varios inconvenientes. Uno de ellos es su complejidad, aunque es posible configurarlos de manera que su utilización sea más sencilla. Otro de los inconvenientes es el tamaño de la pantalla y del teclado, aunque también se pueden configurar para ver las letras más grandes o emplear punteros para teclear, en lugar de hacerlo con los dedos.

Teléfonos accesibles

Existen en el mercado teléfonos móviles con teclas y pantalla grandes y con capacidad para aumentar el tamaño de los iconos y otras características que facilitan su utilización a las personas con alguna dificultad de manipulación o visión.

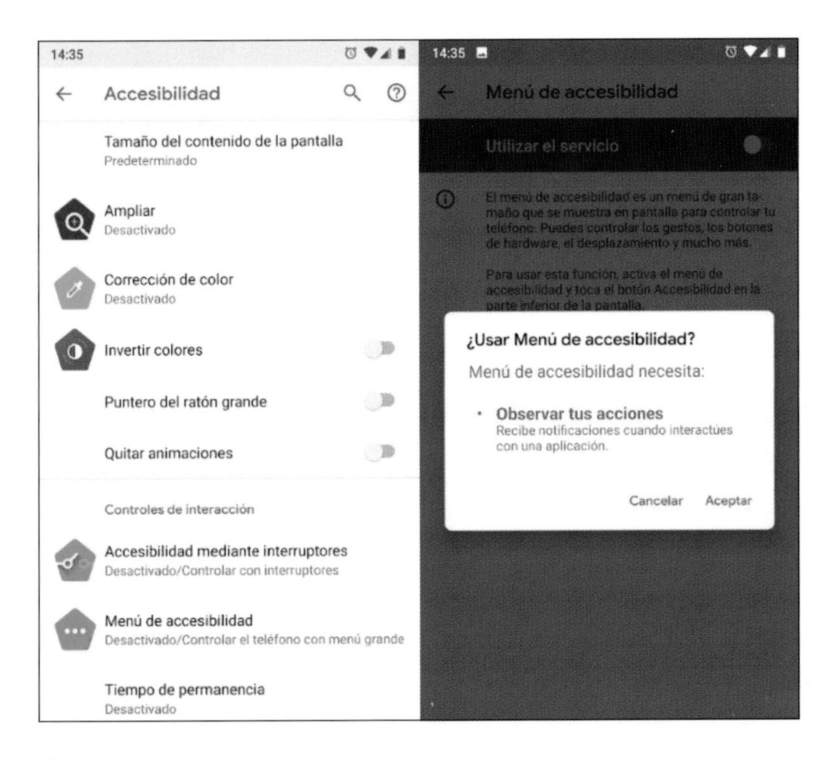

Figura 1.3. Las opciones de accesibilidad permiten mejorar el tamaño de algunos objetos.

La mayoría de los teléfonos ofrecen la opción Modo Simple que permite obtener mejoras visuales y sonoras. Para localizarlo, toque Ajustes>Aplicaciones y notificaciones>Ver todas.

Si su teléfono tiene el Modo Simple instalado, podrá modificar el tamaño de la letra tocando Ajustes y seleccionando las opciones Tamaño de letra o Tamaño de fuente, Tamaño de visualización o Ampliación. Es posible que en su teléfono estos comandos aparezcan con otros nombres similares.

Si no tiene el Modo Simple instalado, puede instalar un lanzador (*launcher*). Los lanzadores son aplicaciones que permiten modificar el escritorio o pantalla inicial del teléfono, colocar las aplicaciones en una caja o ventana, para poder ordenarlas por el criterio deseado y lanzarlas (de ahí su nombre) con mayor facilidad. También se pueden seleccionar contactos para acceder a ellos con un solo toque, así como cambiar los iconos y presentar las aplicaciones como mosaicos.

NOTA:

No todos los lanzadores son compatibles con todos los modelos de teléfono, pero usted siempre puede encontrar el más adecuado al suyo y descargarlo de Google Play.

PRÁCTICA

Descargue un lanzador para su teléfono:

1. Toque el icono Play Store.
2. En la tienda Google Play, toque Apps y localice Lanzador Modo Fácil, en la figura 1.4, o Lanzador Modo Simple. Una vez localizado, toque Instalar para descargarlo e instalarlo en su teléfono.

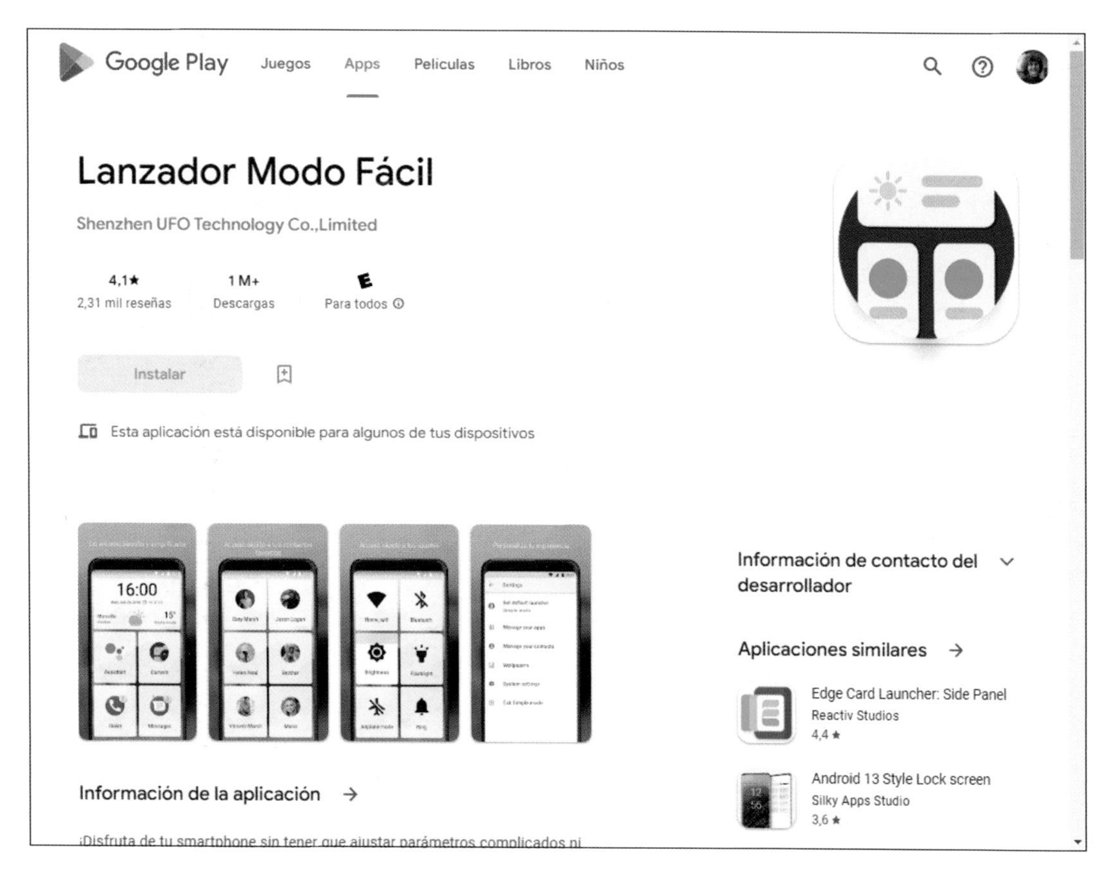

Figura 1.4. El Lanzador Modo Fácil en Google Play.

En la tienda de Google podrá encontrar otros lanzadores diseñados para personas mayores con alguna dificultad visual o de manipulación, que le permitirán realizar las modificaciones de accesibilidad que hemos mencionado, como se ve en la figura 1.5. Para localizarlos, lo mejor es escribir **Grand Launcher** o **Big Launcher** en la casilla de búsquedas que está señalada por una pequeña lupa.

Una vez localizado, solamente hay que tocar Instalar para descargarlo e instalarlo en el teléfono. Grand Launcher es un lanzador que ofrece muchas prestaciones, pero, por ahora, está en inglés. Big Launcher está en español y se encuentra junto al anterior. Para encontrarlo más fácilmente, escriba **Launcher en español** en la casilla de búsquedas y toque la lupa.

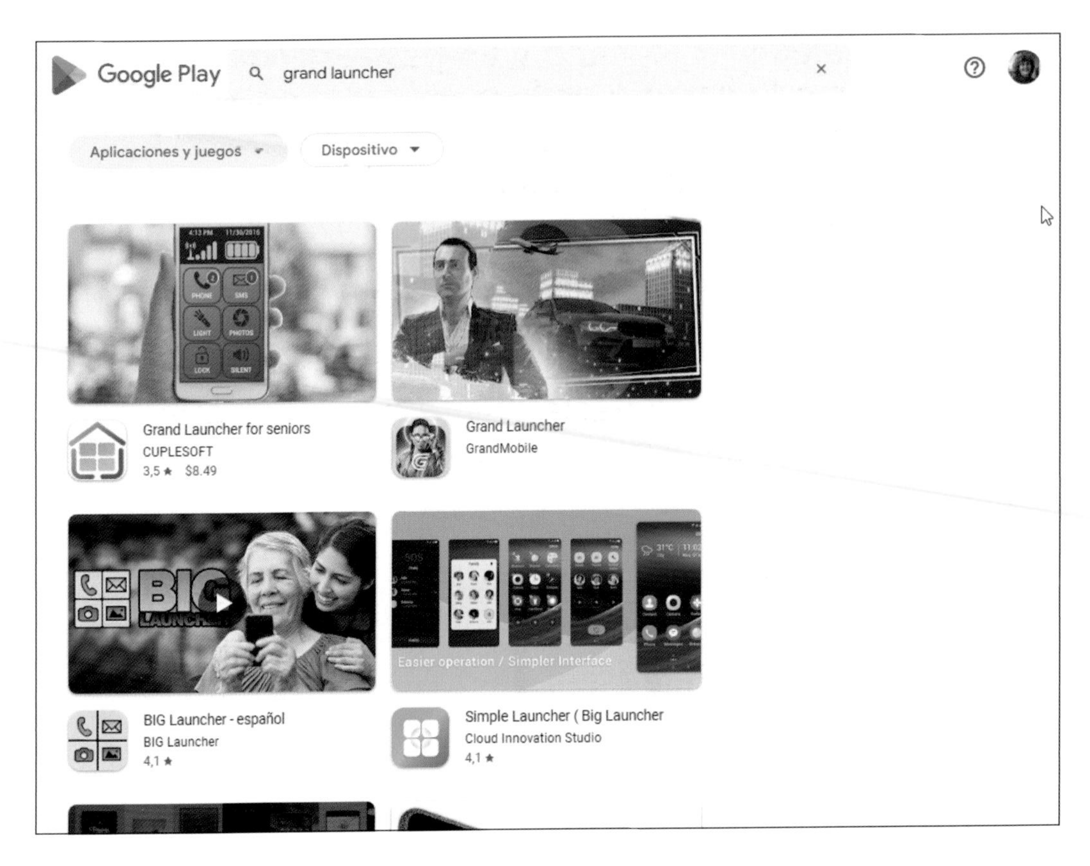

Figura 1.5. Lanzadores para teléfono móvil.

Complementos electrónicos portables

Los relojes inteligentes son dispositivos útiles para obtener información instantánea y continua. Se llevan en la muñeca como un reloj normal, y se pueden conectar a Internet, o bien cargarlos con aplicaciones para escuchar música o recibir mensajes. Las pulseras inteligentes son pequeños dispositivos que se emplean generalmente para obtener datos de una actividad física. Son útiles para medir resultados en la práctica de determinado deporte o comunicarse con otros deportistas para establecer grupos o competiciones.

A la hora de adquirir uno de estos dispositivos, conviene elegir uno que muestre una interfaz sencilla y fácilmente comprensible, con un tamaño de letra visible, textos explicativos y que funcione con comandos de voz, para que no haya que escribir en él.

Es importante elegir un tamaño y un peso adecuados para que resulte cómodo llevarlo en la muñeca; que lleve incorporado un contador de pasos y kilómetros para medir la actividad física, así como un GPS para no perderse. El botón SOS puede ser de gran utilidad.

Si es preciso, hay algunos que disponen de monitor de la frecuencia cardíaca y otra función muy importante que es la detección de caídas, ya que el dispositivo envía una notificación de ayuda si detecta una caída del usuario, como se ve en el ejemplo de la figura 1.6.

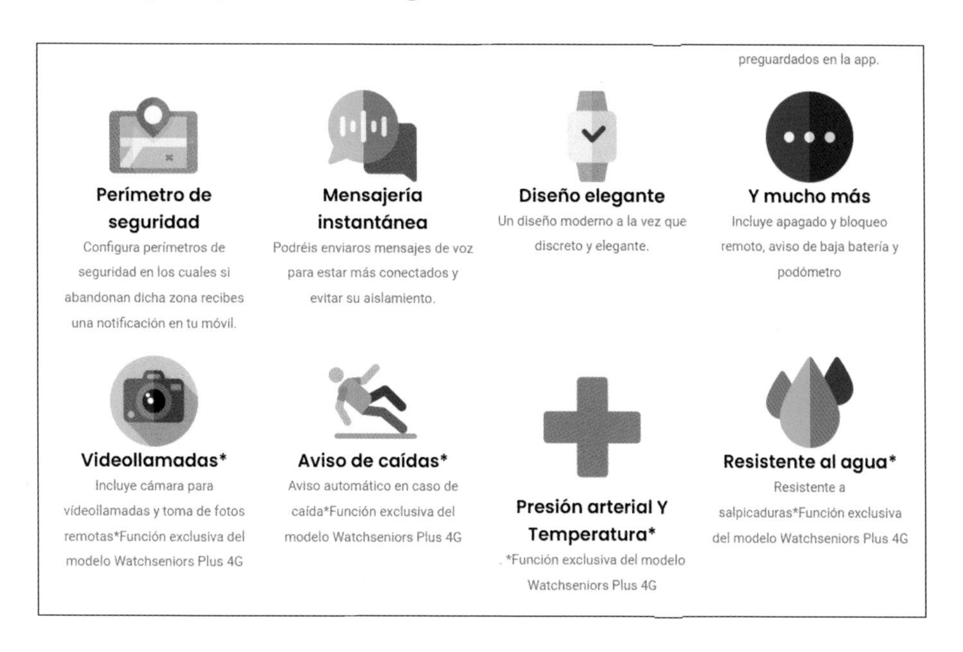

Figura 1.6. Relojes inteligentes para personas con problemas físicos.

Muchos relojes inteligentes para personas con problemas físicos llevan una tarjeta electrónica que permite realizar llamadas telefónicas con cobertura 4G.

LOS COMPONENTES DEL ORDENADOR

Todo ordenador (PC, tableta, teléfono inteligente u otros dispositivos inteligentes) se compone de las siguientes partes:

- El hardware, que es todo lo que se ve y se toca en un ordenador: la caja o carcasa, las tarjetas, los cables, la pantalla, la impresora, etc.
- El software es la parte no física del ordenador, la que lo anima y le hace funcionar. También se llama "lógica". Es el conjunto de aplicaciones que convierten la materia inanimada del ordenador en una máquina operativa. El software se almacena de forma electrónica en diferentes soportes físicos como discos, tarjetas o lápices de memoria. En los teléfonos, por ejemplo, el software se almacena en tarjetas inteligentes desmontables.

  El software básico que hace funcionar el ordenador y todas las aplicaciones instaladas se llama sistema operativo. Los sistemas operativos más populares son Windows para los ordenadores y Android o IOS para las tabletas y teléfonos móviles. Muchos de los programas o aplicaciones instalados pueden funcionar con cualquiera de esos sistemas operativos, por ejemplo, se puede tener Google Chrome o Hotmail tanto con Windows como con Android.

El ordenador está formado por una unidad central y diversos dispositivos y elementos.

La unidad central lleva a cabo las funciones de proceso y de cálculo, ejecutando las instrucciones contenidas en las aplicaciones. El verdadero cerebro es el microprocesador, un circuito que responde y procesa las operaciones lógicas y aritméticas que hacen funcionar al ordenador.

Los demás elementos, dispositivos y aparatos pueden ir instalados dentro del equipo, como el disco duro del ordenador o la tarjeta del móvil, o conectados mediante cables o vía inalámbrica, como la impresora o el escáner. Se dividen en:

- **Elementos de entrada:** Son los dispositivos que permiten al usuario introducir información en el ordenador, como el teclado, el ratón, el micrófono, la cámara o la pantalla táctil.

- **Elementos de salida y almacenamiento:** Son los dispositivos que el ordenador utiliza para almacenar o presentar al usuario los resultados de los procesos realizados, como la pantalla, la impresora o el disco duro.

La memoria

La memoria es la capacidad de almacenamiento de datos del ordenador. Este almacenamiento puede ser permanente, cuando los datos se guardan en un disco duro, en una tarjeta o en un lápiz de memoria.

Además, el ordenador cuenta con una o varias tarjetas de memoria llamada memoria RAM, que guardan los datos solamente mientras el equipo está funcionando. La memoria RAM sirve, por tanto, para trabajar, pero es necesario guardar el trabajo en un disco ya sea interno o externo, o bien en una tarjeta o lápiz de memoria, puesto que la información desaparece cuando se apaga el equipo o cuando se cierra la aplicación con la que se realiza el trabajo.

Las conexiones

Si usted dispone de un ordenador de sobremesa, podrá conectarle una pantalla, un ratón, un teclado, un *router*, uno o varios discos externos, varios lápices de memoria, una impresora, un escáner, un micrófono, una cámara, un reproductor de sonido o vídeo, un televisor, un teléfono inteligente, una tableta, un reloj inteligente y otros dispositivos que su ordenador reconocerá si están correctamente conectados y son compatibles con el sistema operativo de su equipo.

Los conectores externos del equipo que lo enlazan con distintos dispositivos, equipos o líneas se llaman puertos, porque dan entrada o salida a la información. Es importante insertar correctamente los conectores de forma que las clavijas hagan contacto. De lo contrario, el equipo no detectará la existencia del dispositivo. Si usted encuentra dificultad en insertar un conector, no lo fuerce. Compruebe que lo está colocando de forma correcta y que no está girado o torcido. Si no es posible insertarlo, es que ese no es su sitio.

Los puertos principales del ordenador son los siguientes:

- Ranuras en las que se puede introducir una tarjeta inteligente. Por ejemplo, la tarjeta de una cámara de fotos con imágenes o la tarjeta de un teléfono o tableta.
- Puertos USB para conectar numerosos elementos, como el ratón o la impresora, u otros aparatos electrónicos como la tableta, el teléfono móvil o el reloj inteligente.
- Puertos HDMI para conectar pantallas, televisores o dispositivos electrónicos como reproductores de vídeo, tabletas o teléfonos.
- Puerto VGA para conectar la pantalla al ordenador de sobremesa. Las pantallas modernas se suelen conectar a un puerto HDMI del ordenador, pero algunas lo hacen vía VGA. Sea cual sea la conexión que su ordenador utiliza, vendrá equipado con un cable con el conector adecuado.

Figura 1.7. Un puerto USB, un puerto HDMI, un puerto VGA para conectar elementos al ordenador.

En los ordenadores de sobremesa, el teclado o el ratón se suelen conectar a un puerto USB o bien de forma inalámbrica, como veremos a continuación. Si su equipo dispone de altavoces y micrófono, podrá comprobar que también se pueden conectar a un conector especial del ordenador. En este último caso, la entrada del micrófono suele estar indicada por un icono que representa un micrófono, como se muestra en la figura 1.8. La entrada de los auriculares suele estar representada por unos cascos y los altavoces suele llevar un icono que muestra un pequeño altavoz.

Figura 1.8. Cada conector corresponde exactamente a un puerto del ordenador que muestra un icono para identificar su función.

Los puertos más utilizados para conectar periféricos y aparatos al ordenador son USB y HDMI, que pueden verse en la figura 1.7. Los dispositivos digitales que se conectan al ordenador, como el teléfono móvil, la cámara de fotos, la cámara de vídeo, el disco externo o los reproductores de música, vienen preparados para conectarlos a uno de esos puertos.

La mayoría de los dispositivos digitales se enlazan a un puerto USB del ordenador. Pero el puerto del teléfono, el reloj o la tableta suele ser más pequeño que el puerto del ordenador, por eso se llama microUSB o su sucesor, los nuevos Tipo C.

Los conectores que se utilizan generalmente para conectar estos dispositivos cumplen una doble función. Conectados a un puerto USB del ordenador, pueden alimentar su batería como si estuvieran conectados a la red eléctrica. Al mismo tiempo, pueden transmitir e intercambiar datos con el PC.

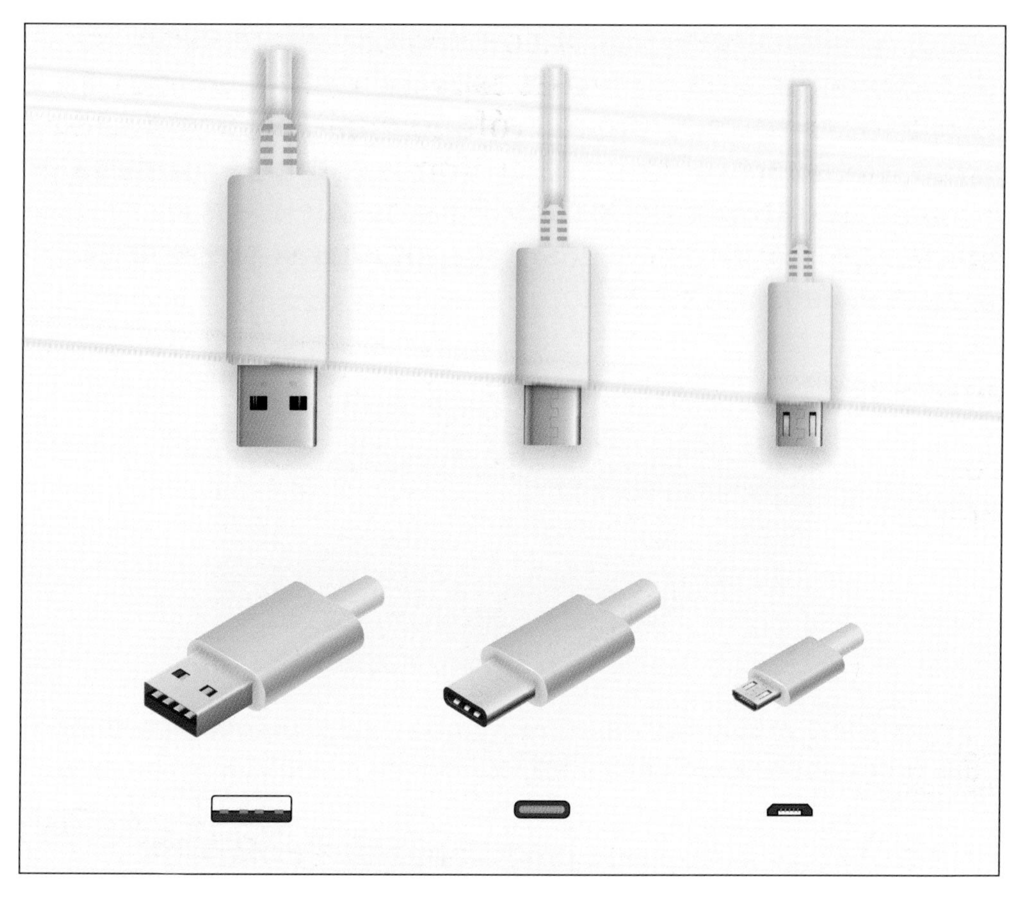

Figura 1.9. Conectores USB, Tipo C y miniUSB.

Las conexiones inalámbricas

Las tecnologías inalámbricas, como Wi-Fi o Bluetooth, permiten conectar numerosos dispositivos al ordenador, como teclados, ratones, impresoras y teléfonos móviles, sin necesidad de cables.

Los ordenadores portátiles, las tabletas, los teléfonos y otros dispositivos inteligentes vienen equipados con una tarjeta para conectarse a Internet ya sea vía Wi-Fi a través de un *router*, o bien a través de las redes de telefonía móvil 4G, 5G, etc. Para conectarse a Internet, los ordenadores de sobremesa precisan generalmente un cable que se enlaza al *router*. Pero también se puede adquirir una tarjeta que permita conectarlos de forma inalámbrica.

El teclado y el ratón inalámbricos tienen la ventaja de su movilidad y evitan tener cables tendidos entre el ordenador y estos dispositivos. Además, si usted trabaja con un ordenador portátil, podrá añadirle un teclado y un ratón inalámbricos para mayor comodidad. Estos teclados y ratones inalámbricos se pueden adquirir como un conjunto y ambos funcionan con un mismo receptor de radiofrecuencia que se conecta a un puerto USB. Si se adquieren por separado, es preciso utilizar dos receptores que ocuparán dos puertos USB. Para instalarlos, solamente hay que colocar las pilas en cada dispositivo e insertar el receptor en un puerto USB del ordenador.

Figura 1.10. Un conjunto de teclado y ratón inalámbrico.

TRUCO:

La conexión inalámbrica puede fallar en alguna ocasión. Si el teclado o el ratón no responden, extraiga el receptor del puerto USB y vuélvalo a insertar para que Windows lo reconozca. Si no funciona, reemplace las pilas por si se hubieran gastado o carecieran de suficiente potencia.

2

ORGANICE SU EQUIPO

El ordenador funciona mediante instrucciones que se introducen a través del teclado, del ratón, del panel táctil si se trata de un portátil o de la pantalla táctil si se trata de un modelo *All in One*, de una tableta electrónica o de un teléfono inteligente.

EL TECLADO

El ordenador emplea generalmente un teclado físico, a menos que la pantalla sea táctil. Para escribir con él, hay que usar un programa de edición de textos o una casilla para ese uso. Windows 11 trae dos aplicaciones con las que se puede escribir: WordPad y el Bloc de notas, que encontrará en la lista de aplicaciones del menú Inicio.

El teclado que muestra la figura 2.1 tiene una fila de teclas numéricas (2) encima de las teclas alfabéticas (1), con las que puede escribir números. También puede utilizar el teclado numérico de la derecha (3), oprimiendo previamente la tecla **BloqNúm**. Entre el teclado alfanumérico y el numérico, hay un grupo de teclas (4) que se utilizan para desplazarse.

Bloq
Num

Figura 2.1. Los grupos de teclas del teclado del ordenador.

- La tecla **Intro** (Entrar) es la más grande del teclado. Sirve para indicar al equipo que hemos finalizado una tarea, o bien para aceptar una opción que propone una aplicación.

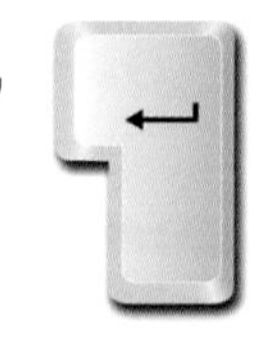

Si la aplicación le pregunta algo y usted pulsa **Intro**, le habrá respondido sí. Si la pulsa cuando esté escribiendo un texto, insertará un punto y aparte.

- La tecla **Esc** (Escape) es todo lo contrario. Está situada en la esquina superior izquierda del teclado y sirve para cancelar una acción o para responder no a una pregunta de una aplicación.

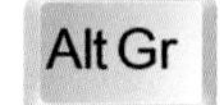

- La @ (arroba) se escribe oprimiendo a la vez la tecla **Alt Gr** y la tecla @. Se emplea en las direcciones de correo electrónico y en los perfiles de algunas redes sociales como Twitter. El símbolo del euro (€) se escribe pulsando a la vez **Alt Gr** y la tecla **E**.

- La tecla **Windows** muestra el logotipo del programa y, en Windows 11, se utiliza, entre otras funciones, para desplegar el menú Inicio.

Además de las teclas citadas, el teclado tiene doce teclas de función que puede ver alineadas de izquierda a derecha en la parte superior de la figura 2.1. Van de la **F1** a la **F12** y tienen distintas tareas que dependen de la aplicación que se utilice en cada momento.

Por ejemplo, si está trabajando con Microsoft Word, la tecla **F1** le mostrará la ventana de ayuda de Word y la tecla **F12** abrirá una ventana para guardar el archivo. Si tiene una página web en la pantalla, la tecla **F11** le permitirá acceder al modo Pantalla completa que hace desaparecer las barras superior e inferior del navegador. Oprimiendo la misma tecla, se vuelve al modo normal.

> **RECOMENDACIÓN:**
>
> Para eliminar el polvo y las bacterias, el teclado del ordenador se puede limpiar con un cepillo pequeño y bastoncillos humedecidos con alcohol.

Las combinaciones de teclas

Muchas de las acciones que se llevan a cabo con el ratón se pueden realizar pulsando a la vez dos o más teclas del teclado. Las combinaciones de teclas, también llamadas atajos del teclado, resultan prácticas para realizar algunas funciones que veremos a lo largo del libro.

EL RATÓN

Si todavía no tiene práctica para el manejo del ratón, haga primero el ejercicio siguiente.

PRÁCTICA

Practique con el ratón deslizándolo sobre la alfombrilla:

1. Coja el ratón suavemente con toda la mano. Coloque el dedo índice sobre el botón izquierdo y el dedo medio sobre el botón derecho. No debe apretar.

Figura 2.2. Manejo del ratón.

2. A continuación, arrástrelo muy despacio sobre la alfombrilla y observe su movimiento en la pantalla del ordenador.

3. Sin apretar, pruebe a colocarlo sobre los diferentes iconos de la pantalla inicial de Windows. Si se sale de la alfombrilla, levántelo y cámbielo de sitio.

RECOMENDACIÓN:

Para que funcione correctamente, el ratón debe deslizarse siempre sobre una alfombrilla especial para ese propósito. Recuerde que su misión es mover el cursor en la pantalla del ordenador y, para ello, su sensor debe de poder registrar adecuadamente los movimientos de la mano.

PONGA EN MARCHA SU EQUIPO

Al igual que el teléfono o la tableta, el ordenador se pone en marcha presionando el botón de encendido. Si la pantalla tiene botón de encendido, también hay que presionarlo. Al cabo de unos segundos, Windows 11 muestra su pantalla de bloqueo, en la figura 2.3, solicitando la contraseña.

Si tarda en solicitarla, haga clic con el ratón sobre la pantalla o presione la tecla **Esc** para que aparezca la ventana en la que deberá escribir su contraseña.

LIBROS:

Encontrará toda la información necesaria sobre Windows 11 en el libro *Windows 11* de esta misma colección. Si su versión de Windows es anterior, también encontrará el libro correspondiente, en esta misma colección.

Figura 2.3. La pantalla de bloqueo de Windows.

La contraseña

Antes de empezar a trabajar con Windows, es preciso establecer una contraseña. Para obtenerla, tendrá que registrarse en la página de Microsoft en Internet y crear una cuenta. El procedimiento es sencillo y se lleva a cabo durante la instalación de Windows en el equipo. Si ya tiene cuenta con Microsoft, solamente tendrá que escribir su contraseña. Para evitar escribir la contraseña cada vez que ponga en marcha Windows, puede establecer un PIN de cuatro dígitos, como hace con su teléfono móvil cuando lo enciende. Puede realizar la siguiente práctica cuando haya experimentado con el menú Inicio y con las opciones de configuración.

PRÁCTICA

Cambie la contraseña por un PIN:

1. Haga clic en el botón Configuración del menú Inicio.
2. Haga clic en la opción Cuentas, en la columna de opciones de la izquierda.

3. En la ventana Cuentas, haga clic en Opciones de inicio de sesión, como se señala en la figura 2.4.

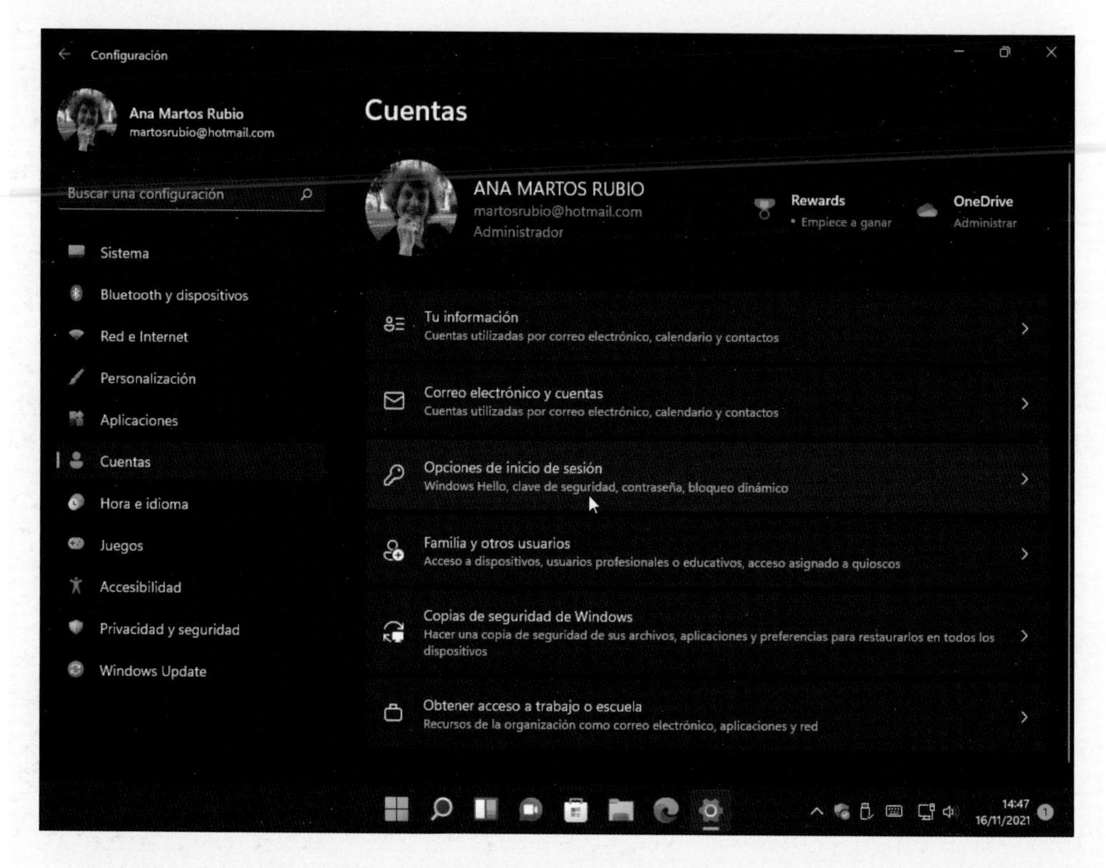

Figura 2.4. Opciones de inicio de sesión en la ventana Cuentas.

4. Haga clic en PIN (Windows HELLO).
5. Escriba los cuatro dígitos del PIN.

La puesta en marcha

Durante la puesta en marcha, Windows debe realizar una comprobación de todos los dispositivos internos y externos que estén conectados al equipo, para controlar su funcionamiento y su estado; ha de verificar que las conexiones sean correctas y que la situación de cada elemento sea la adecuada. Por eso, tras presionar el botón de encendido, es preciso esperar pacientemente hasta que el sistema operativo realice su recorrido por todos los elementos, lo que significa no tocar el teclado ni el ratón mientras transcurre ese proceso, porque lo único que se consigue es interferir con él y retrasarlo.

En el caso de que alguno de los componentes falle, Windows lo advertirá indicando la existencia del problema y, en ocasiones, señalando lo que hay que hacer para corregir el fallo. Es preciso seguir las indicaciones del programa.

Si el problema continúa, lo más práctico es reiniciar el equipo para que Windows se recargue y compruebe de nuevo los dispositivos. Si esto también falla, lo mejor es pedir ayuda en la tienda donde se adquirió.

Apague, reinicie y suspenda su ordenador

Antes de apagar el ordenador, es conveniente cerrar las aplicaciones que tenga abiertas. Para ello, solamente hay que hacer clic en el botón Cerrar, que tiene forma de aspa y está situado en la esquina superior derecha de la ventana de cada programa.

PRÁCTICA

Practique el apagado, el reinicio y la suspensión de su ordenador:

1. Pulse la tecla **Windows** para desplegar el menú Inicio. Haga clic en el botón Inicio/ apagado, en la parte inferior derecha del menú. Cuando se despliegue el menú, haga clic en Apagar.

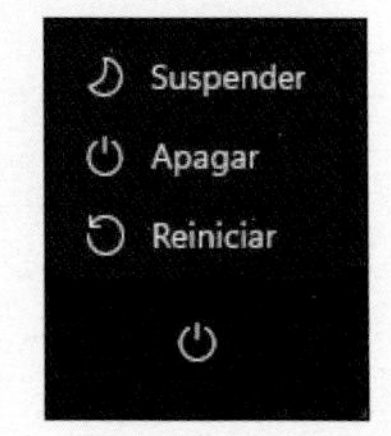

2. Si acostumbra desenchufar el equipo, espere a que se apague completamente.

TRUCO:

El menú Inicio también se despliega haciendo clic en el botón Inicio situado en la parte central de la barra de tareas de Windows.

Reiniciar o suspender Windows

Después de instalar o desinstalar una aplicación o cuando el sistema necesita actualizarse, suele ser preciso reiniciar Windows. A veces, el reinicio es automático, pero otras veces hay que hacerlo de manera manual. Reiniciar significa apagar el ordenador y ponerlo de nuevo en marcha para que Windows cargue nuevos programas o dispositivos. Para reiniciar el ordenador, haga clic en la opción Reiniciar del botón Inicio/apagado.

- Si va a dejar de trabajar con el ordenador cierto tiempo y no desea cerrar las aplicaciones, utilice la opción Suspender del menú anterior. El equipo permanecerá en marcha, pero en modo de bajo consumo, lo que es muy útil si se trata de un equipo con batería. Cuando lo reactive, pulsando el botón de encendido, las aplicaciones que tuviera en funcionamiento volverán a hacerlo.
- La opción Reiniciar cierra las aplicaciones y elementos que estén funcionando y vuelve a ponerlos en marcha sin que usted tenga que tocar botón alguno. Esta es la forma segura de reiniciar el ordenador. Solamente si no responde, deberá aplicar el método manual pulsando el botón rojo **Reiniciar** (o **Reset)** si su ordenador dispone de él.

Si Windows ha descargado una actualización, además de los iconos para apagar o reiniciar, mostrará opciones para actualizar y apagar o para actualizar y reiniciar. Haga clic en la opción Instalar y apagar para que Windows instale la actualización y apague después el ordenador.

TRUCO:

Si observa que alguna función no está operativa después de poner en marcha el ordenador, reinícielo. A veces, Windows no carga bien los sonidos, el Wi-Fi o cualquier otra funcionalidad al ponerse en marcha, y el problema se soluciona al reiniciarlo. La mayoría de los problemas del ordenador, así como del teléfono móvil, del televisor y de muchos aparatos electrónicos, se solucionan reiniciándolos.

TRUCO:

Si el ordenador no responde a sus instrucciones, pulse con dos dedos de la mano izquierda las teclas **Control-Alt** y pulse con la mano derecha la tecla **Supr.** En la pantalla que aparece, haga clic en Administrador de tareas y, en la ventana de ese programa, haga clic en la aplicación que quiera cerrar y luego haga clic en Finalizar tarea, como se muestra en la figura 2.5. Si no es posible, repita la operación y haga clic en el botón Inicio/Apagado que encontrará al pulsar **Control-Alt-Supr**.

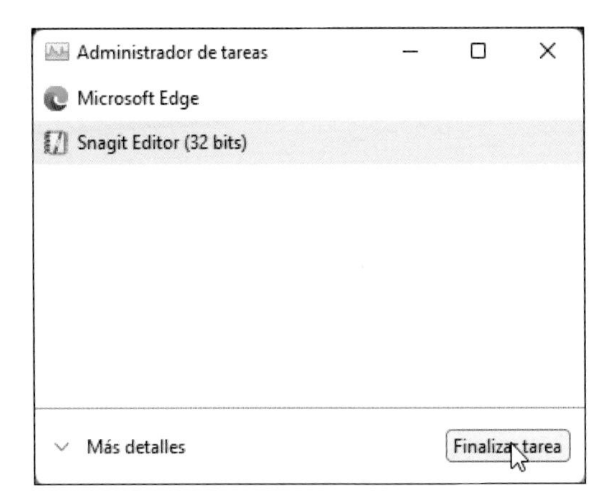

Figura 2.5. El Administrador de tareas cierra las aplicaciones que causan conflicto y permite apagar el ordenador de forma segura.

TRUCO:

Si su ordenador no se pone en marcha ni responde mientras carga Windows, pruebe a apagarlo y a volverlo a encender. Pruebe primero a pulsar a la vez las teclas **Control-Alt-Supr** como hemos visto en la nota anterior. Si no se apaga ni reacciona, no hay más remedio que apagarlo manteniendo pulsado el botón físico de arranque hasta que no haya señal alguna y el equipo se apague. Luego, vuelva a encenderlo. Recuerde que no debe de apagar el ordenador de esta forma más que cuando sea imprescindible. La manera adecuada de apagarlo es la que hemos visto anteriormente.

PRACTIQUE CON EL TECLADO Y EL RATÓN

Después de escribir la contraseña en la pantalla de Windows, accederá al escritorio. De la misma forma, cuando escribe el PIN en su teléfono móvil, accede a la pantalla inicial que es similar al escritorio de Windows.

PRÁCTICA

Practique con el teclado:

1. Pulse la tecla **Windows** para desplegar el menú Inicio.
2. El menú Inicio se abrirá mostrando los iconos de las aplicaciones. Haga clic en la opción Todas las aplicaciones, en la parte superior derecha del menú.
3. En la lista alfabética de aplicaciones, haga clic en Bloc de notas en la letra **B**. Si no lo encuentra, aproxime el ratón a la parte superior derecha del menú Inicio, para ver la barra de desplazamiento

vertical que aparece en la figura 2.6, haga clic en ella y arrástrela hacia abajo sin soltar el ratón, hasta localizar Bloc de notas. Haga clic sobre él.

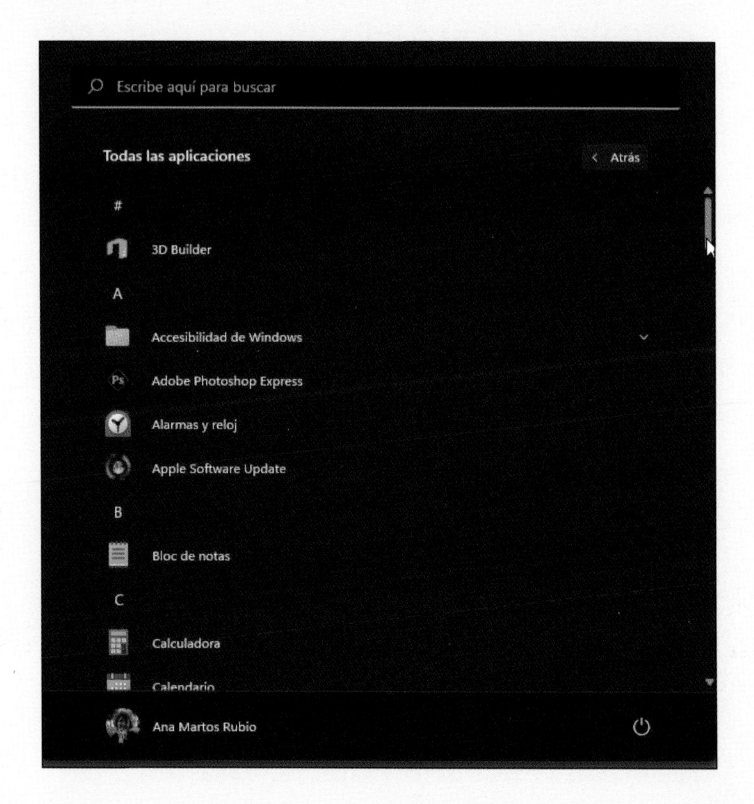

Figura 2.6. La barra de desplazamiento y el Bloc de Notas.

PRÁCTICA

Practique con el teclado:

1. Haga clic en la ventana del Bloc de notas y escriba un texto. Pulse la tecla **Intro** para insertar puntos y aparte.
2. Pruebe a mover el cursor pulsando las teclas **Flecha arriba**, **Flecha abajo**, etc., del teclado de su ordenador.

3. Pruebe a pulsar las teclas **Inicio** y **Fin** para ir al principio o al final de la línea que ha escrito.
4. Utilice las teclas **RePág** y **AvPág** para pasar una página atrás o adelante. Para ello, tendrá que escribir más de una página o rellenarla pulsando la tecla **Intro** varias veces, para insertar líneas en blanco.
5. Pulse después la tecla **BloqNum** y escriba algunos números.
6. Haga clic en el botón Agregar nueva pestaña y escriba otro texto en la nueva página que se abrirá. Puede agregar varias pestañas con diferentes textos y cerrarlas haciendo clic en el mismo botón.

Figura 2.7. El Bloc de Notas con un texto de prueba y el botón para agregar pestañas.

7. Para cerrar el programa, haga clic en el botón rojo con forma de aspa de la esquina superior derecha. Podrá elegir entre guardar lo escrito, dando un nombre al archivo o desecharlo.

Las funciones del ratón

En Windows, cada clic del ratón es una instrucción para que el sistema realice una tarea. Un clic de ratón equivale a un toque con el dedo en una pantalla táctil como la del teléfono o la tableta:

- Clic es una pulsación del botón izquierdo del ratón. Sirve para seleccionar o activar objetos o aplicaciones.
- Doble clic son dos pulsaciones rápidas del botón izquierdo del ratón. Sirve para poner en marcha programas o aplicaciones.
- Dos clics son dos pulsaciones lentas del botón izquierdo del ratón, dejando unos instantes entre una y otra pulsación. Sirve para seleccionar el nombre de una aplicación, icono, imagen o documento.
- Clic derecho es una pulsación del botón derecho del ratón. Sirve para activar el menú del objeto sobre el que se hace clic, como un botón, un icono o una ventana.

PRÁCTICA

Practique la función hacer clic:

1. Haga clic sobre el icono Papelera de reciclaje del escritorio de Windows. Hágalo una sola vez y con el botón izquierdo. Observe que el icono cambia de color. Eso significa que usted lo ha seleccionado para realizar una tarea.

2. Haga clic con el botón derecho sobre el mismo icono. Se desplegará un menú con opciones. Haga clic en una zona vacía del escritorio para cerrar el menú.
3. Haga doble clic sobre el mismo icono con el botón izquierdo, para abrir la papelera y ver su contenido en el Explorador de archivos de Windows. Ciérrelo haciendo clic en el botón Cerrar que tiene forma de aspa, en la esquina superior derecha de la ventana.
4. Haga clic con el botón izquierdo sobre el nombre del icono Papelera de reciclaje y, tras una pequeña pausa, haga clic de nuevo. El nombre adquirirá un color azul, para indicar que puede escribir sobre el texto seleccionado y cambiar el nombre del icono.
5. Escriba otro nombre y presione la tecla **Intro**. Luego, si lo desea, puede volver a cambiar el nombre por el original.

LOS TECLADOS VIRTUALES Y TÁCTILES

El teléfono, la tableta y las pantallas táctiles disponen de teclados virtuales que se activan cuando es necesario escribir, ya sea en una aplicación de texto o en una casilla. En el teléfono, el teclado se activa para escribir mensajes con una aplicación. Por ejemplo, en WhatsApp, se activa al tocar la casilla Mensaje que aparece en la parte inferior de la pantalla de un contacto, como se ve en la figura 2.8. Para acceder al teclado numérico que contiene también signos ortográficos, hay que tocar ?123.

Figura 2.8. El teclado virtual de un teléfono móvil.

El panel táctil

En un ordenador portátil, el panel táctil (*touchpad*) está situado en la parte inferior del teclado, tiene forma rectangular y puede llevar uno o dos botones que equivalen a los botones derecho e izquierdo del ratón.

PRÁCTICA

Si tiene un portátil, practique con el panel táctil:

1. Apoye suavemente el dedo sobre el panel táctil y muévalo. Verá moverse el puntero en la pantalla en la dirección en la que usted mueva su dedo.
2. Apunte a un objeto de la pantalla, por ejemplo, la Papelera de reciclaje y oprima el dedo sobre ella.
    - Presione una vez con el dedo para hacer un clic o dos veces para hacer doble clic. Oprima el botón derecho del panel táctil para hacer clic con el botón derecho.
    - Pruebe a hacer el ejercicio anterior de hacer clic con el ratón, utilizando el panel táctil.

- Si su panel táctil carece de botones, presione con el dedo sobre el borde derecho o sobre el borde inferior derecho del panel para obtener el equivalente a hacer clic con el botón derecho del ratón.

La pantalla táctil

Las pantallas táctiles de las tabletas, los teléfonos inteligentes o algunos ordenadores son cómodas y fáciles de utilizar para realizar tareas sencillas, como dibujar, así como para introducir datos en el equipo con un solo toque. La función del dedo sobre un icono u objeto de la pantalla táctil equivale a un clic sencillo o doble del ratón y su cometido es el mismo. Cada presión es una instrucción.

Las pantallas táctiles tienen la doble función de elementos de entrada y de salida, pues sirven para introducir información e instrucciones por medio del dedo, así como para presentar los resultados de las operaciones realizadas.

PRÁCTICA

Windows 11 ofrece un teclado virtual que se sitúa en la pantalla del ordenador y se puede utilizar con los dedos si la pantalla es táctil, o, si no lo es, con el ratón. Para activarlo, haga lo siguiente:

1. Presione la tecla **Windows** para desplegar el menú Inicio y haga clic en la opción Todas las aplicaciones.
2. Haga clic en Accesibilidad de Windows para desplegar las opciones de accesibilidad.
3. Aproxime el puntero del ratón al borde superior derecho del menú para que aparezca la barra de desplazamiento. Haga clic en ella y arrástrela hacia

abajo sin soltar el ratón hasta que localice la opción Teclado en pantalla (véase la figura 2.9).

4. Haga clic en ella y tendrá un teclado virtual en la pantalla de su equipo. Para retirarlo, haga clic en el botón Cerrar, que tiene forma de aspa y está situado en la esquina superior derecha.

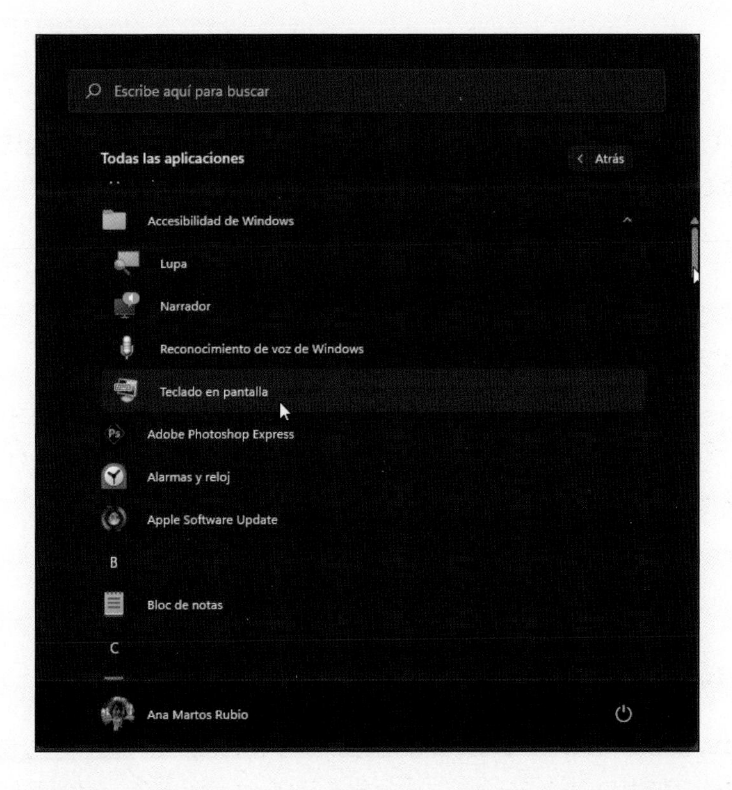

Figura 2.9. El menú Inicio, con la barra de desplazamiento vertical a la derecha y la opción Teclado en pantalla.

El escritorio

El escritorio es lo primero que aparece al iniciarse el equipo y ocupa toda la pantalla.

En el teléfono móvil y en la tableta electrónica, el escritorio es la pantalla inicial que aparece al ponerlos en marcha tras insertar el PIN o la contraseña.

La figura 2.10 muestra el escritorio de un ordenador que funciona con el sistema operativo Windows 11, así como las pantallas iniciales de un teléfono móvil y una tableta electrónica que funcionan con el sistema operativo Android.

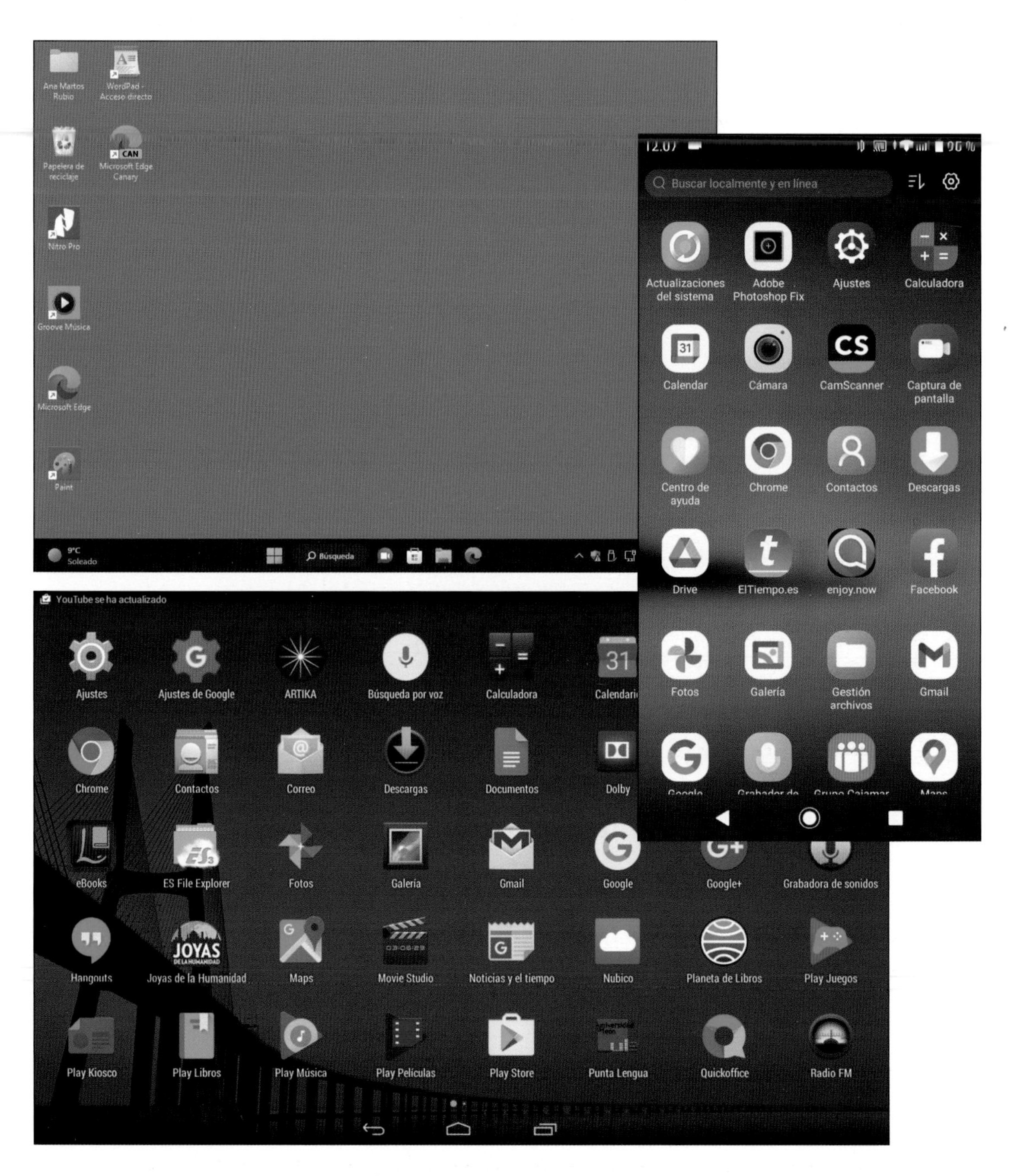

Figura 2.10. El escritorio de Windows 11 y el de Android.

En la parte inferior del escritorio de Windows, aparece una barra que se extiende de izquierda a derecha. Se llama barra de tareas y contiene varios iconos y botones. La parte inferior de la pantalla de Android, tanto en el teléfono como en la tableta, muestra la barra de navegación con los iconos.

TAREAS BÁSICAS DEL RATÓN

El ratón lleva a cabo diversas tareas que veremos a lo largo del libro. Las que se describen a continuación son las más básicas.

Seleccionar

- Seleccionar significa apuntar con el puntero del ratón a un archivo, documento u objeto. Una vez que el objeto esté seleccionado, la próxima acción que usted ordene a Windows se aplicará a ese objeto. Al seleccionar, por ejemplo, una imagen, Windows apunta hacia ella. Si después le ordena borrar, será esa imagen la que borre. Si le ordena copiar, la copiará. La figura, icono, palabra, etc., seleccionada aparece de un color diferente.
- También es posible seleccionar varios objetos a la vez, por ejemplo, carpetas o imágenes, para copiarlas, moverlas o eliminarlas a un tiempo. Para seleccionar varios objetos contiguos, haga clic en el primero, pulse la tecla **Mayús** del teclado de su ordenador y, sin dejar de presionarla, haga clic en el último. Todos los objetos comprendidos entre el primero y el último quedarán seleccionados.
- Para seleccionar varios objetos no contiguos, haga clic en el primero, pulse la tecla **Control** y haga clic en cada uno de los objetos restantes. Todos los objetos sobre los que haya hecho clic

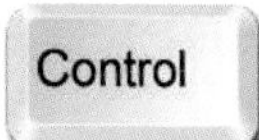

con la tecla **Control** presionada quedarán seleccionados. Una vez seleccionados, podrá copiarlos, moverlos o eliminarlos todos a la vez, como un solo objeto.

Copiar, cortar y pegar

- Copiar consiste en copiar un objeto o un grupo de objetos seleccionados, palabra, texto, imagen, carpeta, icono, etc. La instrucción Copiar realiza una copia del objeto u objetos a una zona del disco duro que se llama Portapapeles de Windows. Si copia un segundo objeto o grupo de objetos, la primera copia desaparece del Portapapeles. Para copiar, hay que seleccionar el objeto u objetos y después presionar a la vez las teclas **Control-C**.
- Cortar consiste en eliminar un objeto o un grupo de objetos seleccionados, palabra, texto, imagen, carpeta, icono, etc., para copiarlos al Portapapeles de Windows. Para cortar, hay que seleccionar el objeto u objetos y después presionar a la vez las teclas **Control-X**.
- Pegar consiste en colocar en otro lugar el objeto u objetos copiados o cortados. Mientras se encuentren en el Portapapeles, podrá pegarlos tantas veces y en tantos lugares como lo desee. Si copia o corta otro objeto, si sale de la aplicación en la que esté trabajando o apaga el equipo, los objetos desaparecerán del Portapapeles. Para pegar, hay que seleccionar el objeto u objetos y después presionar a la vez las teclas **Control-V**.

Arrastrar y colocar

Arrastrar un objeto significa hacer clic sobre él y desplazarlo a otro lugar sin dejar de apretar el botón del ratón. Para colocarlo en el nuevo lugar, basta dejar de apretar el ratón. En una pantalla táctil, equivale a tocar un icono o un objeto y arrastrarlo con el dedo a otro lugar.

PRÁCTICA

Haga clic en el icono Papelera de reciclaje y, sin dejar de apretar el ratón, arrástrelo a otro lugar de la pantalla. Cuando llegue al lugar deseado, suelte el botón del ratón. Haga clic en alguno de los iconos de la barra de tareas y arrástrelo a la derecha o a la izquierda. Pulse la tecla **Windows** y, cuando se despliegue el menú, haga clic en uno de los iconos y arrástrelo a otro lugar.

En el Bloc de notas, pruebe a seleccionar una palabra o grupo de palabras, como se ve en la figura 2.11, haciendo clic al principio y arrastrando el ratón sobre ellas hasta el final. Una vez seleccionadas, presione las teclas **Control-C** para copiarlas o **Control-X** para cortarlas, Presione la tecla **Intro** varias veces para insertar líneas en blanco y después presione **Control-V** para pegar las palabras. Para eliminar una palabra o palabras seleccionadas, pulse la tecla **Supr**.

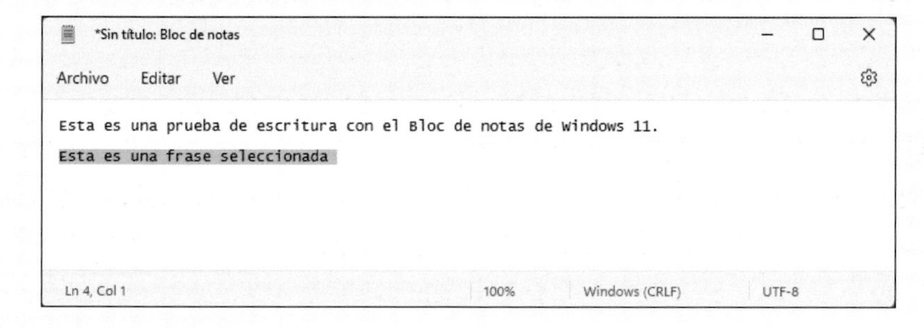

Figura 2.11. La ventana del Bloc de notas con una frase seleccionada.

LA CONEXIÓN A INTERNET

Para conectarse a Internet hay que disponer de un dispositivo llamado *router* que se conecta a la red eléctrica, al ordenador y a la fibra óptica o cable ADSL y que le proporcionará su operador de telefonía.

Si su ordenador es portátil, llevará incorporada una tarjeta que le permitirá conectarse al *router* vía Wi-Fi. Tanto el portátil, como la tableta, el teléfono móvil, el televisor (*smartTV*) y otros dispositivos inteligentes detectan automáticamente las antenas Wi-Fi existentes y tratan de conectarse. Pero es necesario que usted escriba la contraseña del *router* que le proporcionará su operador y que también encontrará en una etiqueta, en la parte inferior del aparato.

Velocidad de subida y bajada

La velocidad del dispositivo con el que su equipo se conecta a Internet, así como la velocidad de la red a la que está conectado, dependen de ciertas características. Lo importante de la velocidad es que usted podrá descargar imágenes, vídeos o aplicaciones en menor tiempo cuanto mayor sea la velocidad de descarga. Si la velocidad es baja, el equipo tardará mucho en descargar aplicaciones o vídeos de Internet y, además, tardará mucho en actualizarse, puesto que las actualizaciones son también aplicaciones a descargar.

- La velocidad de bajada (o descarga) es normalmente superior a la velocidad de subida (o carga), de la que depende el tiempo que su equipo tarda en enviar imágenes, vídeos o documentos complejos a través de Internet. Se mide en kilobits por segundo (Kbps), megabits por segundo (Mbps) o gigabits por segundo (Gbps). Se llaman "de subida o de bajada" porque se considera que descargar algo de Internet es "bajarlo" y cargar o enviar algo a Internet es "subirlo".
- El ancho de banda es la medida de la capacidad de un dispositivo para transmitir datos a través de una red informática, en un tiempo determinado. Del ancho de banda depende, por tanto, la velocidad de carga y descarga del equipo. A mayor ancho de banda, mayor velocidad.

- El ancho de banda no es lo mismo que la velocidad de la red, es decir, la velocidad de Internet que es lo que consta en el contrato que usted establece con su proveedor de servicios de telefonía e Internet, al que se conoce como ISP (*Internet Services Provider*).
- La velocidad de subida y bajada depende temporalmente del tráfico de la red (que puede ser Internet o una red privada como las de los bancos o los ministerios), a lo que se llama rendimiento de la red. Esto puede hacer que alguna información (paquete de datos) tarde en llegar a su destino o incluso que se pierda, si el envío coincide con un momento de mucho tráfico.

Cuando se conecta de forma inalámbrica, la velocidad de transmisión de Wi-Fi también depende de la situación del *router*, porque puede sufrir interferencias dentro de la misma vivienda, si la habitación en la que está instalado está lejos del lugar de conexión o hay paredes gruesas entre ambos puntos.

El *router* debe colocarse lejos de otros electrodomésticos, espejos o peceras, que puedan interferir en la señal Wi-Fi. Nunca debe colocarse en el interior de un armario que bloqueará la señal.

INFO:

Si acostumbra viajar y quiere llevar consigo su portátil o su tableta o, simplemente, quiere disponer de mayor velocidad de transmisión para su teléfono móvil de la que suele brindar el Wi-Fi de los hoteles, infórmese con su operador de la disponibilidad de un *router* móvil. Es un aparato de pequeño tamaño que se conecta a la red eléctrica y genera una antena Wi-Fi a la que puede conectar su teléfono, su tableta, su portátil o cualquier dispositivo inteligente. Con él dispondrá de Wi-Fi en cualquier lugar en que haya cobertura 4G o 5G.

AVISO:

Conviene dejar el *router* encendido durante la noche, aunque apague el ordenador, porque estos aparatos aprovechan la noche en que el tráfico es más fluido para actualizarse automáticamente. El gasto de electricidad es mínimo.

LOS SONIDOS DE WINDOWS 11

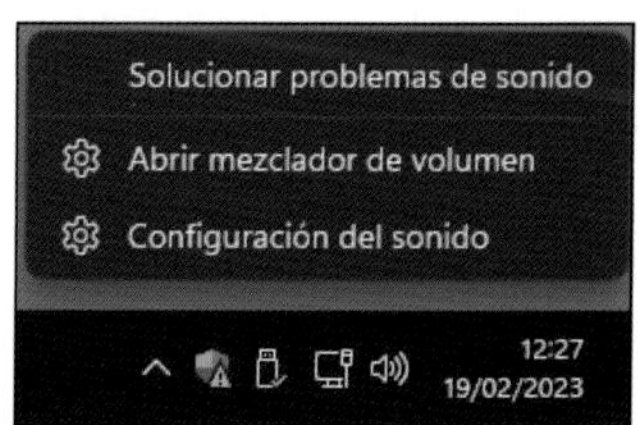

El icono que controla el sonido en Windows 11 tiene forma de altavoz y se encuentra en el extremo inferior derecho de la pantalla. Este icono tiene dos menús:

- Si hace clic con el botón izquierdo, aparecerá el menú para controlar el volumen del sonido, arrastrando el deslizador a derecha o izquierda.
- Si hace clic con el botón derecho, aparecerá el menú para configurar los dispositivos de sonido.

PRÁCTICA

Practique con los sonidos de Windows 11:

1. Haga clic con el botón derecho del ratón sobre el icono que tiene forma de altavoz y seleccione Configuración del sonido en el menú.
2. En la ventana Sistema>Sonido, haga clic en la barra de desplazamiento de la derecha y arrástrela hacia abajo sin soltar el ratón. Al final de la ventana, encontrará la opción Más opciones de sonido.
3. Haga clic sobre ella para acceder a la ventana Sonido que muestra la figura 2.12.

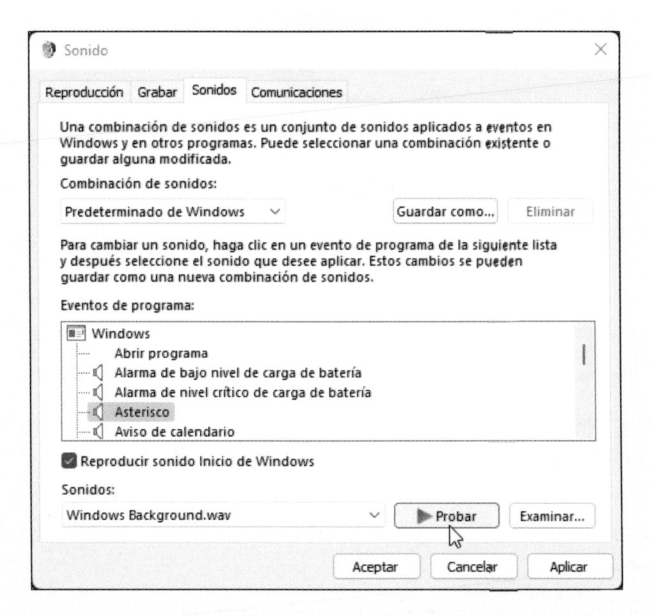

Figura 2.12. La ventana Sonido y el botón Probar.

4. En la ventana Sonido, haga clic en la pestaña Sonidos.
5. Seleccione un evento, por ejemplo, Abrir programa, y elija un sonido en la lista.
6. Haga clic en el botón Probar.
7. Haga clic en Aplicar para cerrar la ventana. Si no desea oír sonidos, seleccione la opción Ninguno en la lista desplegable y haga clic en Aceptar.

TRUCO:

La práctica anterior le resultará útil para comprobar la tarjeta de sonido de su equipo en el caso de que no consiga oír un vídeo o un archivo musical. Si el botón Probar produce sonidos, el problema estará seguramente en el vídeo o el archivo. Si el botón Probar no produce sonidos, el problema puede estar en la conexión de los altavoces o en la configuración de la tarjeta de sonido de su equipo. Pruebe a reiniciar Windows para que cargue de nuevo los sonidos.

3

LOS ELEMENTOS EXTERNOS DEL ORDENADOR

El teclado, el ratón, el micrófono, la cámara o el lápiz óptico son elementos externos que permiten introducir información en el ordenador. Los elementos externos de salida guardan o muestran los resultados de las operaciones realizadas, como la pantalla, la impresora o el disco duro.

LA PANTALLA

El principal dispositivo de salida es la pantalla. Las pantallas llevan incorporado un menú para controlar el color, el brillo y el contraste con el fin de evitar dañar la vista del usuario, como se ve en la figura 3.1.

Figura 3.1. El menú de la pantalla para controlar el brillo, el color y el contraste.

Algunas pantallas para equipos de sobremesa llevan integrados los altavoces. En ese caso, la pantalla lleva un cable adicional que hay que conectar al mismo puerto de sonido del ordenador al que se conectan los altavoces del equipo. El menú digital de la pantalla incluirá también el sonido de los altavoces.

La pantalla de Windows 11

Windows 11 permite configurar la pantalla en modo oscuro, lo que ofrece mayor comodidad para la vista, pues el modo claro resulta a veces demasiado luminoso para los ojos.

PRÁCTICA

Pruebe el modo oscuro de Windows 11:

1. Haga clic con el botón derecho del ratón sobre una zona vacía del escritorio.
2. Cuando se despliegue el menú contextual, haga clic en la opción Personalizar (véase la figura 3.2).

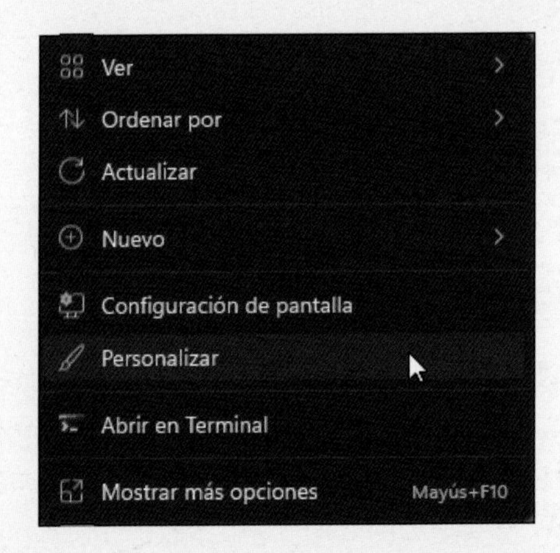

Figura 3.2. El menú contextual de la pantalla de Windows 11.

3. En la ventana Personalización, haga clic en Colores.
4. Haga clic en la barra de desplazamiento de la derecha y arrastre hacia abajo para ver más opciones. En la opción Elige tu modo, haga clic en la punta de flecha del final que indica Claro. Al desplegar el menú haga clic en la opción Oscuro (véase la figura 3.3).

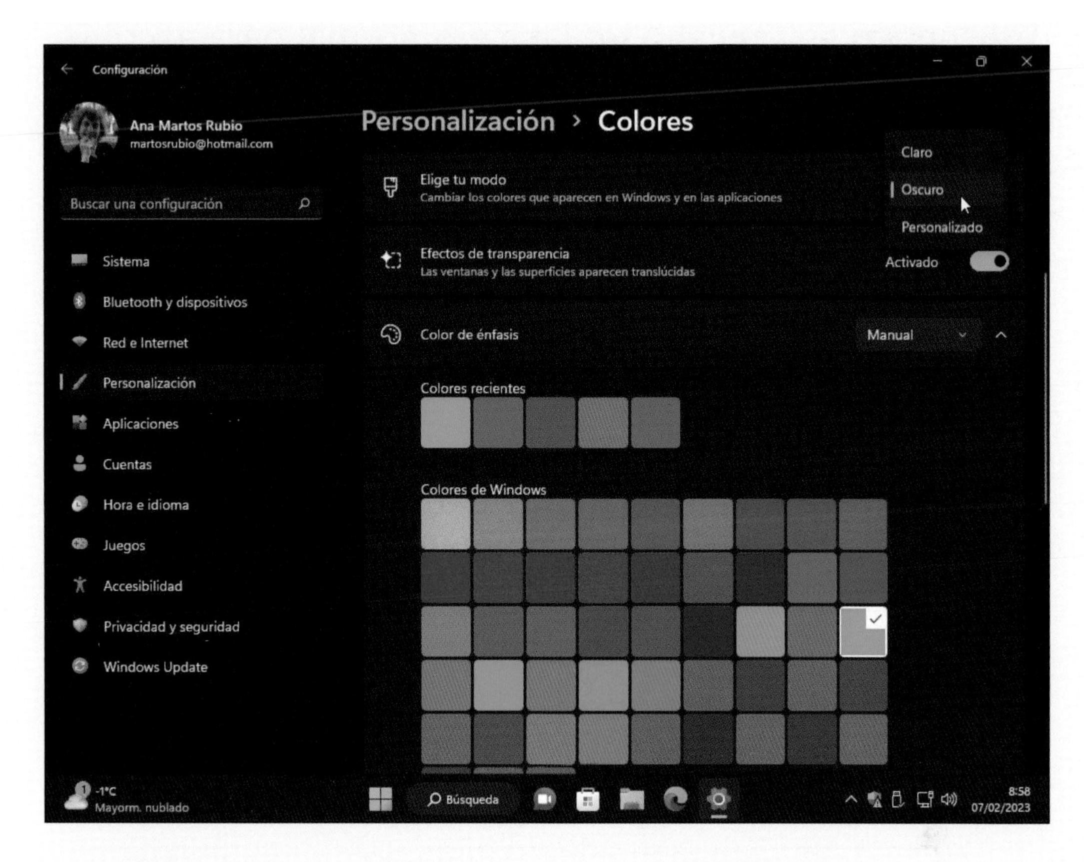

Figura 3.3. El modo Oscuro y los colores de Windows 11.

5. Si desea cambiar el color de fondo de la pantalla, haga clic en el botón Atrás de la esquina superior izquierda de la pantalla, para volver a la ventana anterior (←) y haga clic en la opción Fondo.
6. En la opción Personalizar el fondo, haga clic en Color sólido y elija un color que le resulte cómodo para trabajar, por ejemplo, Azul frío o Verde azulado.

Pantallas táctiles

Las pantallas táctiles son elementos tanto de entrada como de salida, porque sirven para introducir datos e instrucciones de entrada mediante los dedos o un lápiz óptico, y también para visualizar los resultados de salida.

El lápiz óptico es similar a un lapicero normal para escribir sobre papel. Es una barra fotosensible que permite escribir sobre una pantalla, por ejemplo, para firmar un documento en el banco.

La pantalla del portátil

Los ordenadores portátiles son muy útiles para trabajar fuera de casa, pero, si se utiliza durante tiempo, se puede convertir fácilmente en un ordenador de sobremesa, como dijimos en el capítulo 1. Si conecta otra pantalla a su portátil, puede configurarlo para que muestre los datos en ambas o solamente en una de ellas, normalmente en la más grande.

TRUCO:

Si activa la función para utilizar las dos pantallas, para pasar de una a otra, pulse las teclas **Windows-P**.

PRÁCTICA

Configure dos pantallas en su portátil:

1. Pulse la tecla **Windows** para abrir el menú Inicio.
2. Haga clic en el botón Configuración.

3. En la ventana Sistema que se abre, haga clic en la opción Pantalla.
4. En la ventana Pantalla, localice la opción Varias pantallas y haga clic en la lista desplegable para seleccionar la que deba mostrar la información.
5. Si no aparece la segunda pantalla, haga clic en el botón Detectar, de la opción Detectar otra pantalla (véase la opción inferior de la figura 3.4).

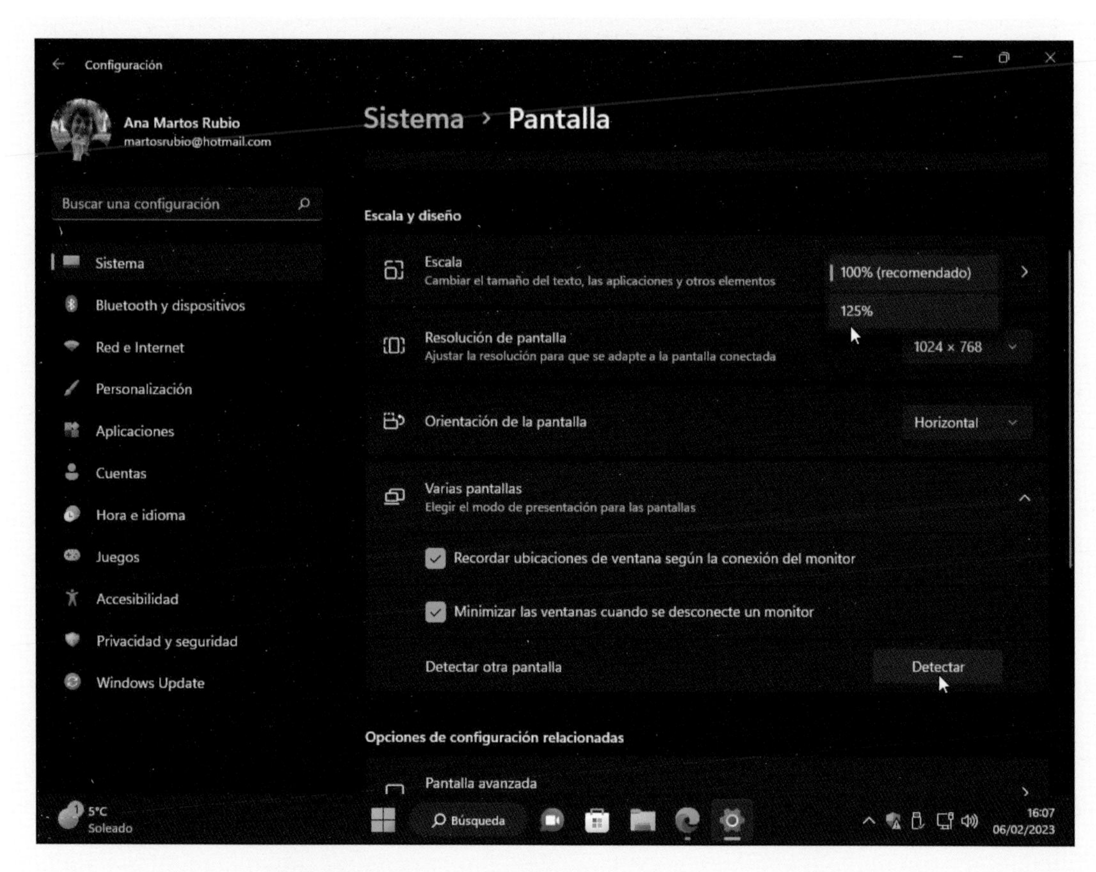

Figura 3.4. La opción Varias pantallas.

La pantalla del teléfono móvil

Los teléfonos móviles ofrecen opciones para ajustar la pantalla. Cada marca y cada modelo puede ofrecer opciones diferentes o las mismas, pero con nombres distintos.

Generalmente, las opciones para ajustar la pantalla se encuentran en el botón Ajustes. Después de tocarlo, toque Pantalla para desplegar las opciones de ajuste, que puede ver en la figura 3.5. Recuerde que el aspecto y las opciones de su móvil pueden ser diferentes a las de la figura, pues todo depende de la marca y del modelo.

Ajustes

Las tabletas inteligentes ofrecen asimismo opciones para ajustar y personalizar la pantalla, que se encuentran generalmente al tocar el botón Ajustes.

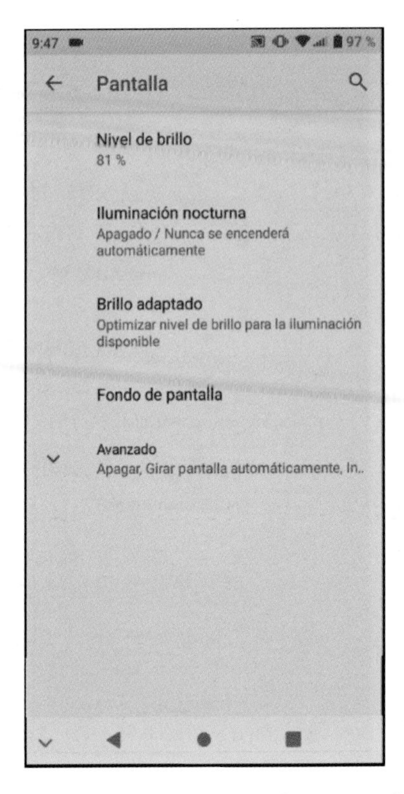

Figura 3.5. El menú Pantalla de un teléfono móvil.

La resolución

Un píxel (contracción de la expresión inglesa *picture element*, elemento de imagen) es el elemento más pequeño que compone una imagen gráfica:

- En una pantalla, las imágenes están formadas por puntos llamados píxeles. Dentro de un mismo espacio de la pantalla, la imagen tendrá más alta resolución cuanto mayor sea el número de píxeles que la componga, ya que mayor número de píxeles significa mayor flexibilidad para poder ampliar la imagen sin que pierda calidad. La resolución de la pantalla se expresa en píxeles por pulgada.
- En una impresora, las imágenes están también formadas por puntos y, al igual que los píxeles, cuantos más puntos de tinta tenga la imagen impresa, más alta será su

resolución. La resolución de la impresora se expresa en puntos por pulgada, lo que se suele representar por las siglas ppp.

- El escáner es capaz de resolver determinada cantidad de puntos de tinta por pulgada en una imagen impresa, por eso, su resolución también se mide en puntos por pulgada (ppp).

Cuanto mayor sea la resolución, mayor será la calidad de la imagen y también mayor el tamaño del archivo. Si guarda muchas fotos y vídeos en alta resolución en su teléfono móvil, es posible que la tarjeta se bloquee por falta de espacio. Si escanea una fotografía en alta resolución, el archivo resultante puede ser difícil de manipular por su gran tamaño. En tales casos, hay que elegir entre calidad y cantidad. Pero recuerde que siempre puede guardar imágenes y vídeos en un disco externo para liberar espacio en el disco duro de su ordenador o en la tarjeta de su teléfono o tableta.

PRÁCTICA

Controle la resolución de la pantalla de su ordenador:

1. Abra un texto, una imagen o una página web en la pantalla de su equipo.
2. Haga clic con el botón derecho del ratón sobre una zona del escritorio de Windows que no tenga iconos y seleccione Configuración de pantalla en el menú contextual (véase la figura 3.2).
3. En la ventana Pantalla, haga clic en la flecha abajo en el extremo derecho de Resolución de pantalla y vea las opciones disponibles (véase la figura 3.6). Estas opciones se limitarán a las que permita la pantalla de su ordenador.
4. Pruebe a cambiar la resolución seleccionándola en la lista desplegable y haga clic en Aplicar, para ver el texto o la imagen con la nueva resolución.

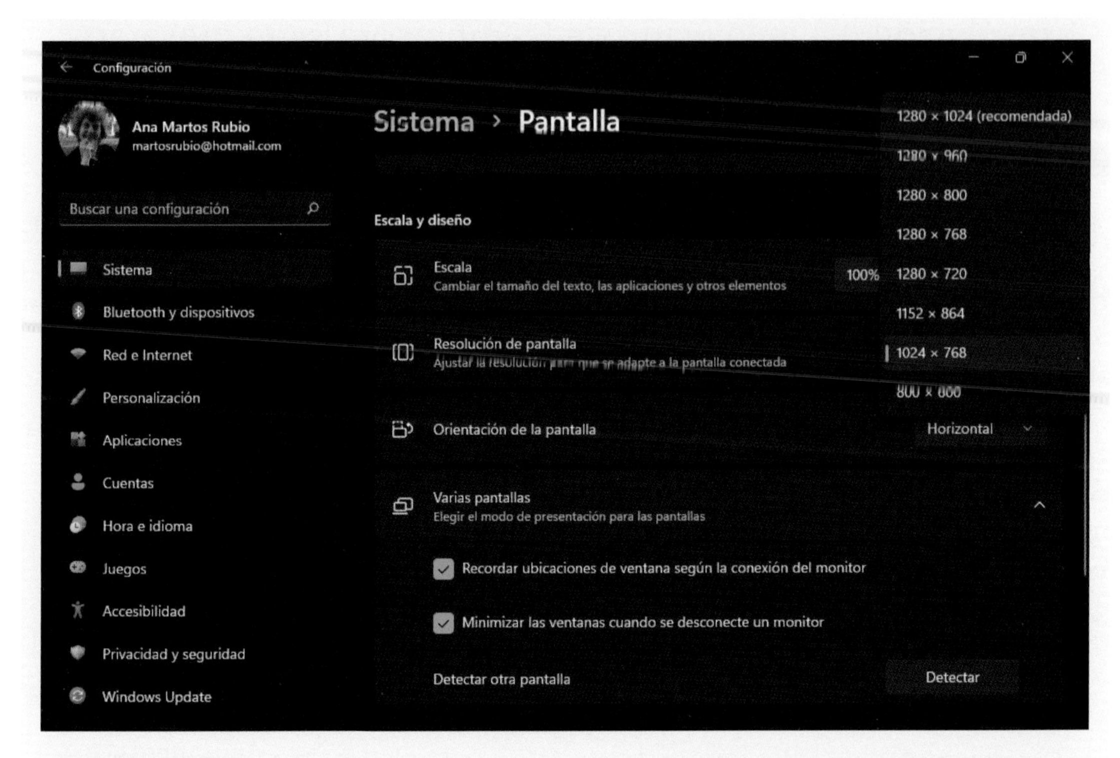

Figura 3.6. La lista desplegable con las opciones de resolución.

5. Repita el método para ir viendo el texto o la imagen con diferentes resoluciones. Recuerde que siempre puede volver a la resolución primera con el mismo sistema.
6. Cierre la ventana haciendo clic en el botón Cerrar que tiene forma de aspa, en la esquina superior derecha.

> **TRUCO:**
>
> Cuanto más baja sea la resolución de la pantalla, más grandes se verán los objetos y más cómoda será para trabajar. Sin embargo, algunas aplicaciones o páginas web requieren alta resolución, por lo que puede cambiarla en esos casos y después regresar a la que le resulte más cómoda,

El tamaño de los objetos en la pantalla

Se puede ampliar el tamaño de los objetos de la pantalla. En la Configuración de pantalla que acabamos de ver, haga clic en la opción Escala para desplegar la lista y seleccione 125% (véase la opción superior de la figura 3.4). Otra forma de aumentar el tamaño de los objetos es utilizar la Lupa.

PRÁCTICA

Conozca la Lupa:

1. Abra un texto, una página web o una imagen.
2. Abra el menú Inicio y seleccione Todas las aplicaciones>Accesibilidad de Windows.
3. Localice la opción Lupa.
4. Haga clic en el botón de la derecha para activar la Lupa.

5. Mueva la ventana Lupa haciendo clic en el borde superior y llévela sobre un texto u objeto cuyo tamaño desee aumentar.

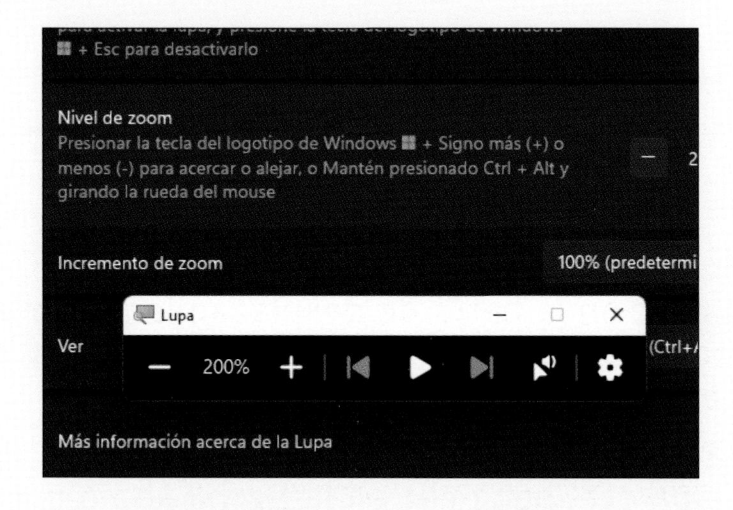

Figura 3.7. La Lupa en acción.

6. Haga clic en el botón + para aumentar el tamaño o en el botón – para reducirlo.
7. Cuando cierre la ventana haciendo clic en el botón Cerrar que tiene forma de aspa, la Lupa quedará desactivada.

TRUCO:

También puede utilizar el teclado para activar y desactivar la Lupa. Pulse las teclas **Windows-+** para activarla y **Windows-Esc** para desactivarla.

El protector de pantalla

El protector de pantalla es una imagen o una animación que aparece en la pantalla del ordenador cuando se deja de utilizar unos minutos, con el fin de evitar que se dañe la pantalla al mantener una imagen fija durante cierto tiempo.

PRÁCTICA

Pruebe el protector de pantalla de Windows 11:

1. En el menú contextual de la pantalla de Windows 11, haga clic en Personalización>Pantalla de bloqueo.
2. Haga clic en la barra de desplazamiento de la derecha y arrastre hasta el final de la ventana. Haga clic en Protector de pantalla.
3. En la ventana Configuración del protector de pantalla que aparece, haga clic en la flecha abajo para desplegar la lista.

4. Haga clic en distintos protectores para ver el efecto en la pantalla en miniatura, activando el botón Vista previa.
5. Si quiere poner una fotografía o una secuencia de fotografías o imágenes como protector de pantalla, seleccione Fotografías en la lista desplegable.

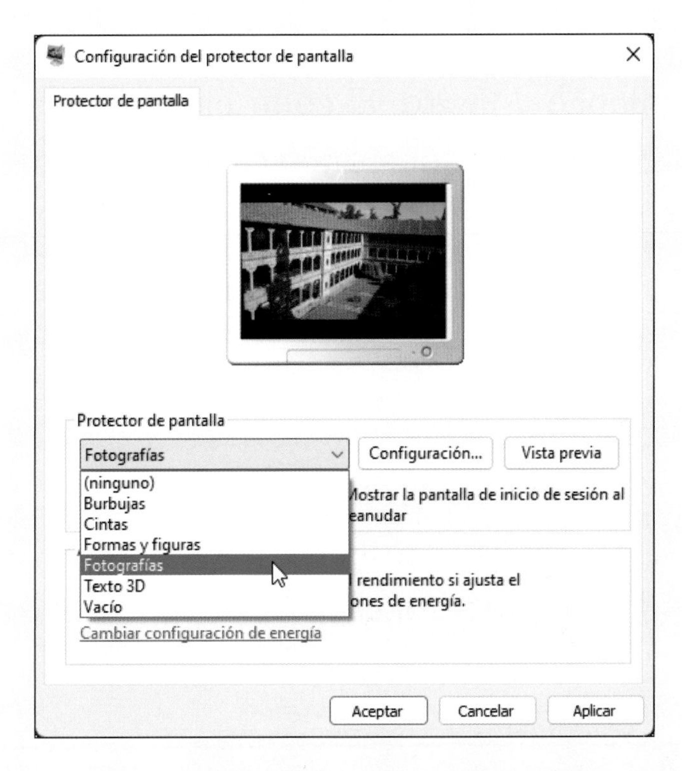

Figura 3.8. El protector de pantalla de Windows 11.

6. El protector mostrará una secuencia de todas las imágenes que encuentre en la carpeta Imágenes. Si lo desea, puede seleccionar la velocidad de presentación.
7. Si desea mostrar solamente algunas imágenes, haga clic en Configuración, después haga clic en el botón Examinar y elija la fotografía o fotografías de la carpeta Imágenes.
8. Haga clic en Aceptar.

LA IMPRESORA

Las impresoras más utilizadas para los ordenadores domésticos son las de chorro de tinta, que utilizan cartuchos negros o de color para imprimir textos o imágenes y son muy económicas. Algunas dan excelente calidad para imprimir fotografías digitales. Las impresoras láser dan gran calidad y rendimiento, pero su coste es mayor. Se emplean especialmente para imprimir numerosos documentos o imágenes en blanco y negro. El color eleva mucho su precio.

Las impresoras multifunción con escáner incorporado son útiles porque evitan el volumen de dos aparatos. Permiten imprimir, hacer fotocopias, escanear, enviar documentos e incluso se pueden conectar de forma inalámbrica para mayor comodidad.

Figura 3.9. Impresora multifunción.

Todos los programas que permiten imprimir datos llevan un botón o una opción de menú para imprimir, en el que hay que hacer clic o tocar con el dedo ( ).

Las impresoras inalámbricas se conectan al ordenador a través de la red Wi-Fi, como un dispositivo compartido.

Los teléfonos móviles y las tabletas utilizan la pantalla como el elemento de salida, aunque se les puede conectar una impresora generalmente inalámbrica, utilizando la tecnología Bluetooth. También se puede utilizar un cable y un conector microUSB, como vimos en la figura 1.10 del capítulo 1.

Si el teléfono tiene la opción Imprimir en el menú de tres puntos verticales, se puede imprimir directamente con una impresora que esté conectada al Wi-Fi.

Instalación de impresoras y escáneres

Windows reconoce automáticamente cualquier impresora o escáner que se conecte al equipo. Solamente hay que enchufar el aparato a la red eléctrica, conectarlo a un puerto USB o HDMI del ordenador y encenderlo. Si se trata de un dispositivo inalámbrico, bastará con encenderlo para que Windows lo reconozca y lo instale.

En el caso de que Windows no reconozca ni instale su impresora o su escáner, pida a su proveedor el programa de instalación con los conectores o *drivers* actualizados. Ejecute el programa siguiendo las instrucciones de su proveedor. Abra el menú Inicio de Windows y haga clic en el botón Configuración. Haga clic en la opción Bluetooth y dispositivos, que encontrará en la parte superior izquierda de la ventana Sistema, y después haga clic en el botón Agregar dispositivo de la opción Agregar impresoras y escáneres. Windows analizará los aparatos conectados al equipo y deberá de reconocer e instalar la impresora o el escáner.

Las impresoras 3D

Las impresoras 3D son capaces de convertir una imagen de dos dimensiones creada por el ordenador en un objeto con volumen en tres dimensiones.

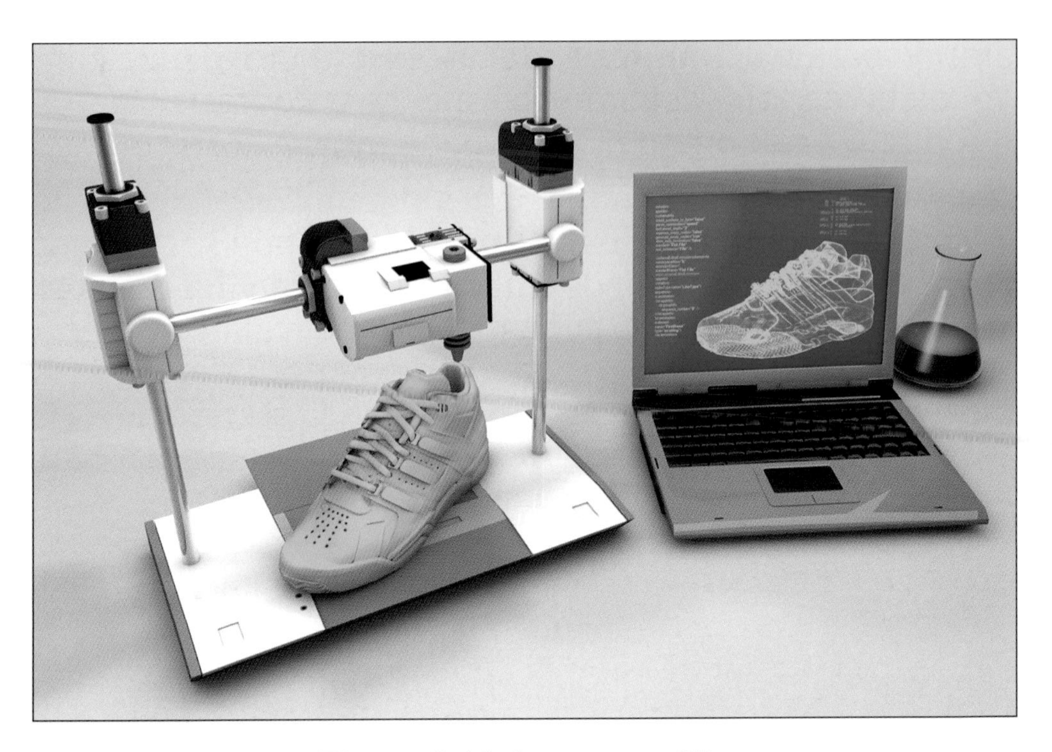

Figura 3.10. Impresora 3D.

Para ello, crean una primera capa, que actúa como plataforma, sobre la que se van acumulando las siguientes capas que se van imprimiendo hasta conseguir la figura. Eso supone un trabajo de horas e incluso de días. En lugar de tinta o tóner, el material que emplean estas impresoras es un tipo de plástico duro que se puede adquirir en forma de bobina. Estas impresoras se emplean para crear numerosos objetos, como prótesis médicas, prototipos de automoción, incluso alimentos, según el material que utilicen.

EL ESCÁNER

El escáner es un dispositivo capaz de digitalizar textos o imágenes y convertirlos en archivos gráficos que se pueden tratar con el ordenador. Muchas impresoras de chorro de tinta llevan un escáner incorporado, lo que las convierte en fotocopiadoras. También los teléfonos móviles tienen la capacidad de escanear documentos con la cámara fotográfica.

Para escanear una fotografía, documento o imagen de papel, hay que colocarlo cara abajo sobre el cristal y cerrar la tapa. Hay que tener cuidado de que el papel quede correctamente colocado en la bandeja del escáner, igual que se hace en una fotocopiadora, para que el resultado no quede torcido.

También hay que tener en cuenta la resolución del escáner que se expresa en puntos por pulgada, indicado como ppp. Si es baja, la fotografía escaneada puede perder calidad. Si es demasiado alta, es posible que no se pueda manipular después con las aplicaciones del ordenador. Compruebe que la digitaliza con la resolución adecuada, empleando para ello el programa que acompaña al escáner o la aplicación Escáner de Windows, que veremos en un próximo capítulo. También los teléfonos móviles tienen la capacidad de escanear documentos e imágenes con la cámara fotográfica, así como de capturar y leer códigos QR. Algunos requieren una aplicación para esa función, que se descarga de Google Play, como CamScanner o QR & Barcode Scanner.

EL ALMACENAMIENTO DE DATOS

El disco duro del equipo es el almacén de toda la información que contiene. En él se alojan las aplicaciones que vienen instaladas de fábrica, como Windows o el navegador Microsoft Edge, más las que usted instale, como procesadores de textos, hojas de cálculo, programas de retoque fotográfico, etc. También se alojan en el disco duro todos los trabajos que usted realice y que guarde antes de cerrar la aplicación y antes de apagar el equipo.

Discos externos

El disco duro se encuentra siempre en el interior de su equipo, por lo que está expuesto a virus informáticos o a posibles fluctuaciones eléctricas que pueden dañar su contenido. Para evitar pérdidas de datos almacenados, es conveniente guardar toda la información importante en un disco externo que puede adquirir en cualquier tienda.

Los textos, hojas de cálculo, imágenes, vídeos y otros trabajos estarán siempre a salvo si los guarda fuera de su ordenador. También puede copiar a un disco externo los archivos de instalación de los programas y aplicaciones que tenga instalados, de forma que pueda volverlos a instalar en caso de pérdida o avería.

Cuando se conecta un disco externo al ordenador, Windows le asigna una letra del alfabeto para designarlo. Si el disco tiene nombre, por ejemplo, Seagate Expansion, a la letra asignada agregará el nombre del disco. Lo mismo sucede con cualquier dispositivo de almacenamiento que conecte a un puerto USB o HDMI. Puede verlo en la figura 3.10, donde aparecen los discos, con sus letras correspondientes, bajo el epígrafe Dispositivos y unidades.

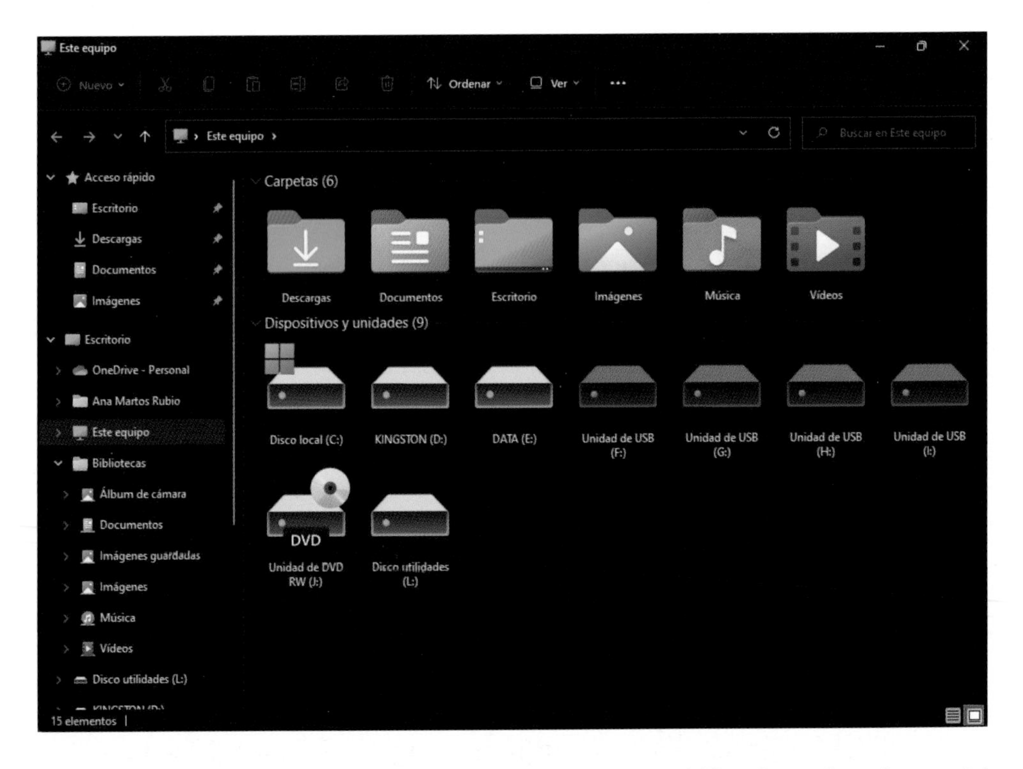

Figura 3.11. Los discos externos aparecen en el Explorador de archivos.

Figura 3.12. Un disco externo, una tarjeta de memoria y un *pendrive*.

Los discos externos son muy seguros y alcanzan gran capacidad de almacenamiento para trabajos, imágenes, vídeos, fotografías, etc. Además, son muy versátiles porque los televisores modernos pueden leer la información multimedia contenida en ellos, lo que permite ver en el televisor películas, videoclips, álbumes de fotografías, etc., almacenados en el mismo disco externo que se utiliza para trabajar con el ordenador.

Los *pendrives* o lápices de memoria son dispositivos de almacenamiento externo móvil que se conectan a un puerto USB del ordenador. Son muy útiles para transportar información como fotografías o vídeos y se pueden leer no solamente con el ordenador, sino con marcos digitales, reproductores de DVD, televisores, etc. El ordenador reconoce estos dispositivos como si se tratara de un disco duro externo. También se llaman memorias USB, porque se conectan a ese puerto.

Los lápices de memoria se utilizan para instalar en el ordenador sistemas operativos, como Windows o Android, lo cual permite poner en marcha el equipo desde el lápiz de memoria y no desde el disco duro, cuando hay algún problema de arranque.

Otra utilidad de los lápices de memoria es que se pueden grabar en ellos programas o películas de un televisor digital, para poderlos ver en otro momento. También sirven para llevar grabados contenidos como películas o documentales para verlos fuera de casa, por ejemplo, en el televisor de un hotel.

PRÁCTICA

Copie y traslade objetos del equipo a un disco externo y viceversa:

1. Inserte el disco o lápiz de memoria en un puerto USB.
2. Haga clic en el botón Explorador de Windows que se encuentra en la parte central de la barra de tareas.
3. Abra el disco externo haciendo doble clic sobre su icono y localice la imagen, documento o vídeo que desea copiar o trasladar. Recuerde que puede copiar varios archivos a la vez seleccionándolos como vimos en el capítulo 2.
4. Haga clic en el archivo y, sin soltar el ratón, arrástrelo sobre la carpeta correspondiente del Explorador de archivos: Documentos, Imágenes o Vídeos.
5. Si, en vez de copiar, quiere trasladar el archivo al ordenador, haga clic sobre él con el botón derecho del ratón y arrástrelo sobre la carpeta que desee. Cuando suelte el ratón, aparecerá un menú en el que

podrá seleccionar Mover aquí. El archivo se eliminará del disco externo y quedará en el ordenador, dentro de la carpeta sobre la que la haya arrastrado.

6. Para copiar o mover archivos del ordenador a un disco externo o lápiz de memoria, haga el proceso inverso, arrastrando cada objeto desde el Explorador de archivos al lápiz de memoria o a la carpeta correspondiente del disco externo.

TRUCO:

Si arrastra un archivo de una carpeta a otra dentro de la misma unidad de disco, ya sea dentro del disco duro o dentro de un disco externo, la opción predeterminada no es copiar, sino mover. Eso significa que el archivo desaparecerá de la carpeta original para aparecer en la de destino. Si lo que desea es copiarlo y mantener el original, arrastre con el botón derecho del ratón y seleccione Copiar aquí en el menú que se abre al soltar el archivo sobre la carpeta de destino.

TRUCO:

Es conveniente poner un nombre a los discos externos y a los lápices de memoria para reconocerlos en el Explorador de archivos de Windows. Para ello, localice su disco en la ventana del Explorador y presione la tecla **F2**. El nombre del disco se pondrá de color azul, indicando que puede escribir sobre él. Escriba el nombre y pulse la tecla **Intro**. También puede hacer clic sobre el icono del disco con el botón derecho del ratón y, cuando se abra el menú contextual, hacer clic en el botón Cambiar nombre. Está situado en el extremo derecho de la barra de iconos del menú.

Desconectar dispositivos USB

Antes de retirar un dispositivo conectado al USB, es conveniente que Windows controle si hay algún intercambio de datos a medias y asegurarse de que se retira de forma segura. De lo contrario, cualquier información que esté copiando puede quedar inutilizada.

PRÁCTICA

Desconecte un dispositivo de un puerto USB:

1. Haga clic en el botón Explorador de Windows en la barra de tareas de Windows 11.
2. En la ventana del Explorador, haga clic en el dispositivo que quiere retirar.
3. Haga clic en el comando Expulsar, situado en la parte superior de la ventana del Explorador.

4. Si lo prefiere, puede hacer clic con el botón derecho del ratón sobre el dispositivo y seleccionar la opción Expulsar en el menú contextual (véase la figura 3.11).

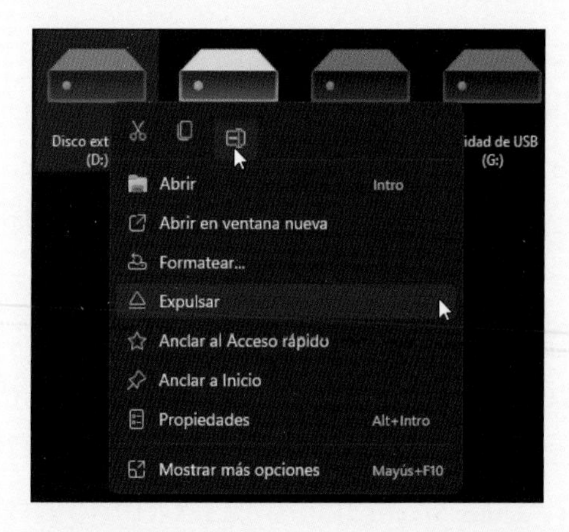

Figura 3.11. La opción Expulsar y el botón Cambiar nombre.

5. Si el dispositivo está ocupado, aparecerá un mensaje para que espere a que termine. Si está libre, el icono del dispositivo desaparecerá de la ventana del Explorador de archivos.

> **TRUCO:**
>
> También se puede expulsar un dispositivo de un puerto USB haciendo clic en el icono Quitar hardware de forma segura y expulsar el medio, que aparece en el extremo derecho de la barra de tareas cuando hay algún disco externo o lápiz de memoria instalado. Si hay más de uno, hay que hacer clic en el dispositivo a retirar ( ).

4

LAS APLICACIONES O *APPS*

El conjunto de elementos digitales lógicos que hacen funcionar a un equipo informático se conoce con el nombre genérico de software. Para los usuarios, todos esos elementos se denominan programas o aplicaciones. Actualmente y debido al uso de aplicaciones en los teléfonos móviles, se ha adoptado el nombre de *apps*, que es la abreviatura de su nombre en inglés, para referirse a ellas.

Todas estas aplicaciones aparecen en la pantalla del teléfono móvil o de la tableta inteligente en forma de iconos y se ponen en marcha apoyando el dedo. En el ordenador, las aplicaciones se encuentran también en forma de iconos o carpetas en el menú Inicio, en el escritorio y como botones en la barra de tareas (véase la figura 2.10 del capítulo 2).

LAS APLICACIONES DE WINDOWS 11

El Bloc de Notas, WordPad, Paint, Correo, Microsoft Edge y otras son aplicaciones que vienen preinstaladas en Windows 11 y son muy útiles. Sin embargo, hay otras aplicaciones preinstaladas que pueden no resultar útiles y que ocupan espacio en el disco duro del equipo. Lo mismo sucede con el teléfono o con la tableta.

Una vez que se asegure de que no le sirven, puede desinstalarlas de la forma que veremos a continuación. También hay otras muchas aplicaciones que podrá descargar, algunas de ellas gratuitas, para realizar determinados trabajos.

TRUCO:

Para comprobar la capacidad de un disco, localícelo en el Explorador de archivos de Windows y apoye sobre él el puntero del ratón sin hacer clic. En un momento, aparecerá información sobre ese dispositivo.

Puesta en marcha y cierre de las aplicaciones

Para poner en marcha una aplicación, hay que localizar el icono correspondiente en el escritorio de Windows o en la lista de aplicaciones del menú Inicio.

Si la aplicación tiene un botón en la barra de tareas, como hemos visto en el capítulo 2 con el Explorador de archivos, hay que hacer clic sobre él para ponerla en marcha. Si la aplicación tiene un icono en el escritorio de Windows o en el menú Inicio, hay que hacer doble clic sobre el icono.

- Para cerrar la aplicación, aproxime el ratón a la esquina superior derecha de la ventana y haga clic en el botón Cerrar que tiene forma de aspa y es de color rojo.
- Para minimizar la aplicación y convertirla en un botón en la barra de tareas, aproxime el ratón a la esquina superior derecha de la ventana y haga clic en el botón Minimizar que tiene el signo menos (-).
- En la barra de tareas, puede volver a abrir la aplicación haciendo clic en el botón. También puede cerrarla o anclarla haciendo clic con el botón derecho para abrir el menú contextual.
- Para anclarla a la barra de tareas, ponga la aplicación en marcha, haga clic con el botón derecho del ratón sobre el botón de la aplicación en la barra de tareas y seleccione Anclar a la barra de tareas en el menú. Se convertirá en un botón como Microsoft Edge, la Tienda o el Explorador de archivos, como se ve en la figura 4.1.

Figura 4.1. Los botones centrales de la barra de tareas de Windows 11.

- Para desanclar la aplicación, seleccione Desanclar de la barra de tareas en el mismo menú.

TRUCO:

Si tiene una aplicación abierta y quiere pasar inmediatamente al escritorio de Windows, pulse las teclas **Windows-D**. Del mismo modo, podrá regresar del escritorio a la aplicación con la que estuviera trabajando sin necesidad de minimizar la ventana.

Buscar aplicaciones

Windows ofrece una casilla de búsquedas en la barra de tareas. Si escribe el nombre de una aplicación, de un archivo o de una función, Windows los localizará.

Búsqueda

Pruebe a encontrar una aplicación, por ejemplo, WordPad o Paint, haciendo clic en la casilla Búsquedas y escribiendo su nombre. No es necesario utilizar mayúsculas.

Observe la figura 4.2, Windows ha localizado la aplicación buscada y ofrece una lista de las acciones que se pueden llevar a cabo con ella.

- Abrir: Haga clic para poner en marcha la aplicación localizada.
- Ejecutar como administrador: Es útil cuando se intenta poner en marcha una aplicación y falla. Esta opción indica a Windows que usted es el administrador del sistema. La encontrará también en el menú contextual de la aplicación, que se despliega haciendo clic con el botón derecho del ratón sobre el icono o el nombre de la aplicación en el Explorador de archivos.
- Abrir ubicación de archivo: Es útil para conocer la dirección exacta del disco duro en que está instalada la aplicación, ya que las rutas para localizar una aplicación son largas y complejas. Puede verla en la figura 4.3, debajo de la barra

de iconos. Eso significa que, si quisiera acceder al archivo ejecutable de WordPad, tendría que localizar el disco duro que lleva la letra C:\ en el Explorador de archivos y, después, hacer clic para abrirlo y luego en todas las carpetas: Microsoft>Windows>Start Menu>Programs> Accesorios de Windows. Para evitar tener que ir a la ubicación de los archivos, se crean los iconos del menú Inicio y del escritorio.

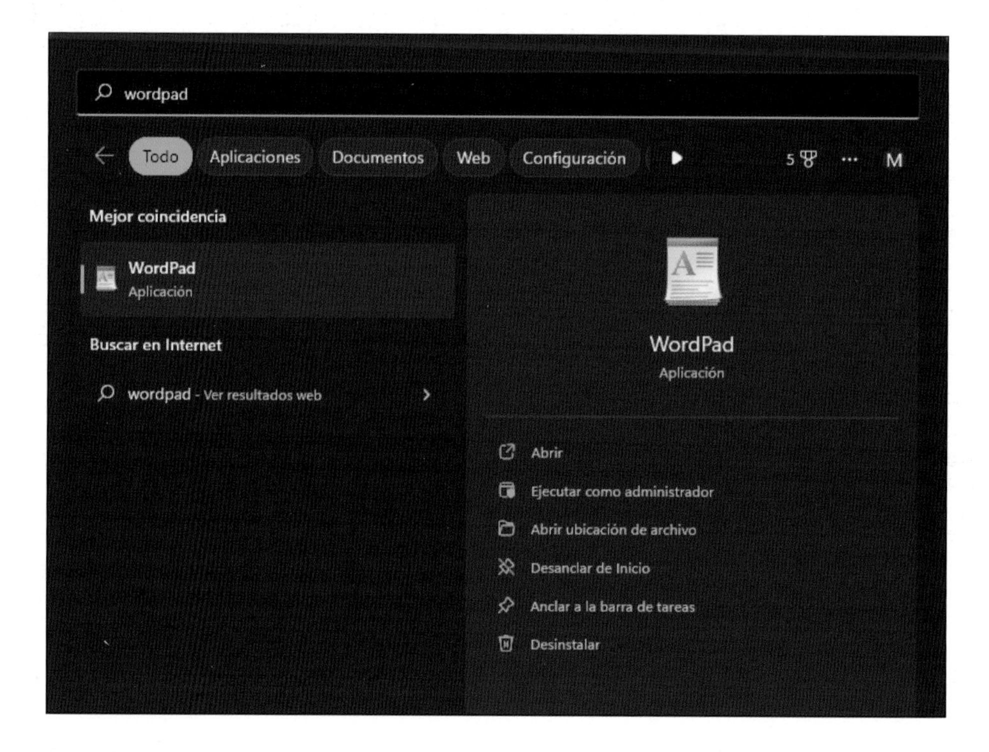

Figura 4.2. Los resultados de la búsqueda de WordPad.

- Desanclar de Inicio: Esta opción retira el icono de la aplicación del menú Inicio. Es útil para quitar el icono de una aplicación que no se utiliza, pero que no se quiere desinstalar.
- Anclar a la barra de tareas: El botón de la aplicación quedará fijo en la barra de tareas de Windows, para poder ejecutarla con un clic. Es útil para aplicaciones que se utilicen con mucha frecuencia, incluso durante un tiempo,

porque siempre se pueden desanclar de la barra de tareas haciendo clic con el botón derecho sobre el botón de la aplicación y seleccionando Desanclar de la barra de tareas, como vimos anteriormente.

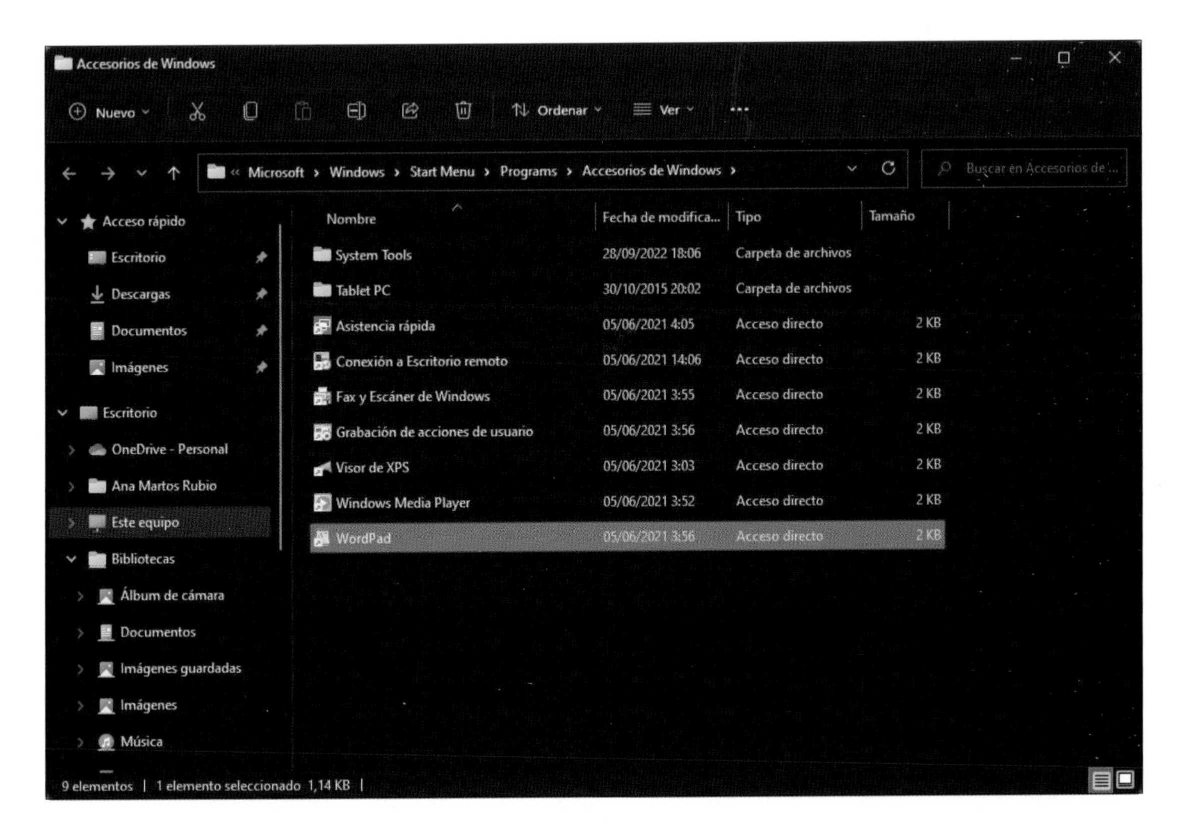

Figura 4.3. La ruta de WordPad en el disco duro del ordenador.

- Desinstalar: Desinstala la aplicación y retira sus botones e iconos de todos los lugares del disco duro. Esta opción también se encuentra en el menú contextual del icono de la aplicación en el menú Inicio.

OBTENER APLICACIONES

Internet ofrece la posibilidad de descargar numerosas aplicaciones. Algunas son de pago, otras a prueba y otras, gratuitas. Las que son a prueba se instalan y funcionan gratuitamente durante un período de tiempo, al cabo del cual, hay que pagar la licencia o desinstalarlas, porque dejan de funcionar. De todas formas, las aplicaciones que se descargan a prueba suelen tener desactivadas algunas funciones. Algunas no permiten imprimir; algunos editores de vídeo, por ejemplo, permiten crear o modificar un vídeo, pero muestran el logotipo del fabricante sobre el vídeo. Una vez que se paga la licencia de utilización, la aplicación completa todas sus funciones.

Las aplicaciones gratuitas son muy útiles, pero también suelen tener recortadas algunas funciones. Por ejemplo, Nero o PhotoShop son aplicaciones profesionales muy completas que ofrecen gratuitamente una versión básica para realizar trabajos sencillos.

ADVERTENCIA:

Algunas aplicaciones que se descargan gratuitamente instalan en el ordenador o en el navegador programas, complementos o funciones no deseadas. No son virus, pero modifican el funcionamiento o desconfiguran las opciones que el usuario haya elegido. Otras, las más peligrosas, instalan pequeños programas espía que pueden llenar la pantalla de publicidad o de ofertas que no interesan. Por eso, lo mejor es descargar las aplicaciones gratuitas de páginas web fiables, como las tiendas de Microsoft, de Apple o de Google, o la página del fabricante de la aplicación.

Instalar aplicaciones

Si se trata de una aplicación adquirida o almacenada en un disco o en un lápiz de memoria, se suele instalar automáticamente al insertar el disco. Si está en un lápiz de memoria, hay que localizar el programa de instalación que suele llamarse `setup.exe`, `install,exe`, `instalar.exe` o algo similar y hacer doble clic sobre él. Después hay que seguir las instrucciones del asistente y, si lo solicita, reiniciar el equipo. Una vez que se instalan, las aplicaciones suelen colocar un icono en el escritorio y otro icono en la lista de aplicaciones del menú Inicio de Windows.

TRUCO:

La mejor manera de probar si un programa se ha instalado es hacer clic en su icono o tocarlo en la pantalla táctil para ver si se pone en marcha y funciona regularmente.

INFO:

Generalmente, antes de instalar una aplicación, deberá aceptar la licencia de utilización. Es preciso hacer clic en la opción que acepta las condiciones de la licencia para poder concluir la instalación del programa.

Siempre que instale una aplicación, Windows le pedirá confirmación. Esta es una medida de seguridad para evitar que se instalen programas en su ordenador sin su consentimiento, algo que sucede con cierta frecuencia al navegar por Internet.

WhatsApp para Windows

WhatsApp es la aplicación de mensajería más utilizada, sobre todo, por las personas mayores. Si usted utiliza WhatsApp para compartir mensajes, fotografías y vídeos con sus familiares y amigos, es recomendable que instale la versión para PC, en la figura 4.4, porque le permitirá escribir con el teclado del ordenador y guardar las fotografías y vídeos en el disco duro, para que no se pierdan y no ocupen tanto espacio en el teléfono. También le facilitará compartir con sus contactos imágenes o vídeos guardados en su ordenador o en discos externos. Lo haremos en el capítulo siguiente.

La versión de WhatsApp para Windows está perfectamente sincronizada con la del teléfono móvil. De hecho, algunas veces es preciso mantener WhatsApp abierto en el teléfono mientras se maneja en el PC.

Figura 4.4. Descargue WhatsApp para Windows.

PRÁCTICA

Descargue e instale WhatsApp para Windows:

1. Haga clic en el icono Tienda en la barra de tareas de Windows.

2. Localice WhatsApp. Puede escribir el nombre en la barra de búsquedas de la parte superior de la tienda y hacer clic en la lupa. Haga clic en Instalar. Aparecerá el botón Comenzar.
3. Haga clic para poner la aplicación en marcha. Cuando termine la instalación, haga clic en Abrir.
4. Ponga en marcha WhatsApp en su teléfono móvil. Toque el icono de tres puntos verticales y luego toque Dispositivos vinculados.

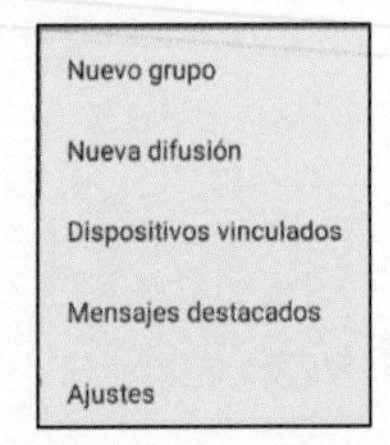

5. Toque Vincular un dispositivo (véase la figura 4.5) y apunte al código QR que presenta la pantalla de WhatsApp en el ordenador, para escanearlo. Según la cámara que utilice su teléfono, deberá apuntar con el borde del teléfono o colocarlo paralelo al ordenador hasta que el código QR aparezca en el teléfono (véase la figura 4.6).

Figura 4.5. Toque Vincular un dispositivo para vincular el teléfono al PC.

Figura 4.6. El código QR de WhatsApp para Windows, en el teléfono.

6. Compruebe si es necesario mantener WhatsApp activado en su teléfono mientras lo utilice en su ordenador.

Una vez instalada una nueva aplicación, aparecerá su icono en la lista Todas las aplicaciones del menú Inicio. Si no tiene un icono en el escritorio, conviene crearlo. Si va a utilizar mucho una *app*, como puede ser el caso de WhatsApp, puede anclarla a la barra de tareas.

INFO:

Para el teléfono móvil, la tecnología ofrece numerosas aplicaciones que velan por la salud y la autonomía de las personas mayores con patologías o discapacidades. Permiten controlar el azúcar en la sangre, la tensión arterial, la frecuencia y dosis de los medicamentos, los datos médicos, etc., así como ejercicios para preservar la cognición y la memoria. La revista en línea *Consumer* de Eroski ofrece esta información y se puede obtener gratuitamente en el buzón de correo electrónico, simplemente registrándose. Se puede descargar en `www.consumer.es`. La información anterior se puede localizar escribiendo **apps-salud-autonomia-para-mayores** en la casilla de búsquedas de la revista.

PRÁCTICA

Cree iconos para WhatsApp:

1. Localice el icono WhatsApp en la lista de aplicaciones del menú Inicio. Puede emplear la búsqueda que utilizamos anteriormente o buscarlo manualmente haciendo clic en la opción Todas las aplicaciones.

2. Haga clic sobre el icono con el botón derecho del ratón. Haga clic en Mostrar más opciones, en el menú contextual que aparece, y finalmente, haga clic en la opción Anclar a la barra de tareas. Aparecerá el botón WhatsApp en la barra de tareas de Windows.
3. Si no se ha creado un icono en el escritorio, haga clic con el botón izquierdo del ratón sobre el icono del menú Inicio y, sin soltar el ratón, arrástrelo hasta el escritorio y suelte el ratón sobre él. Aparecerá la información Vincular para indicar que se va a vincular el icono a la aplicación (véase la figura 4.7).

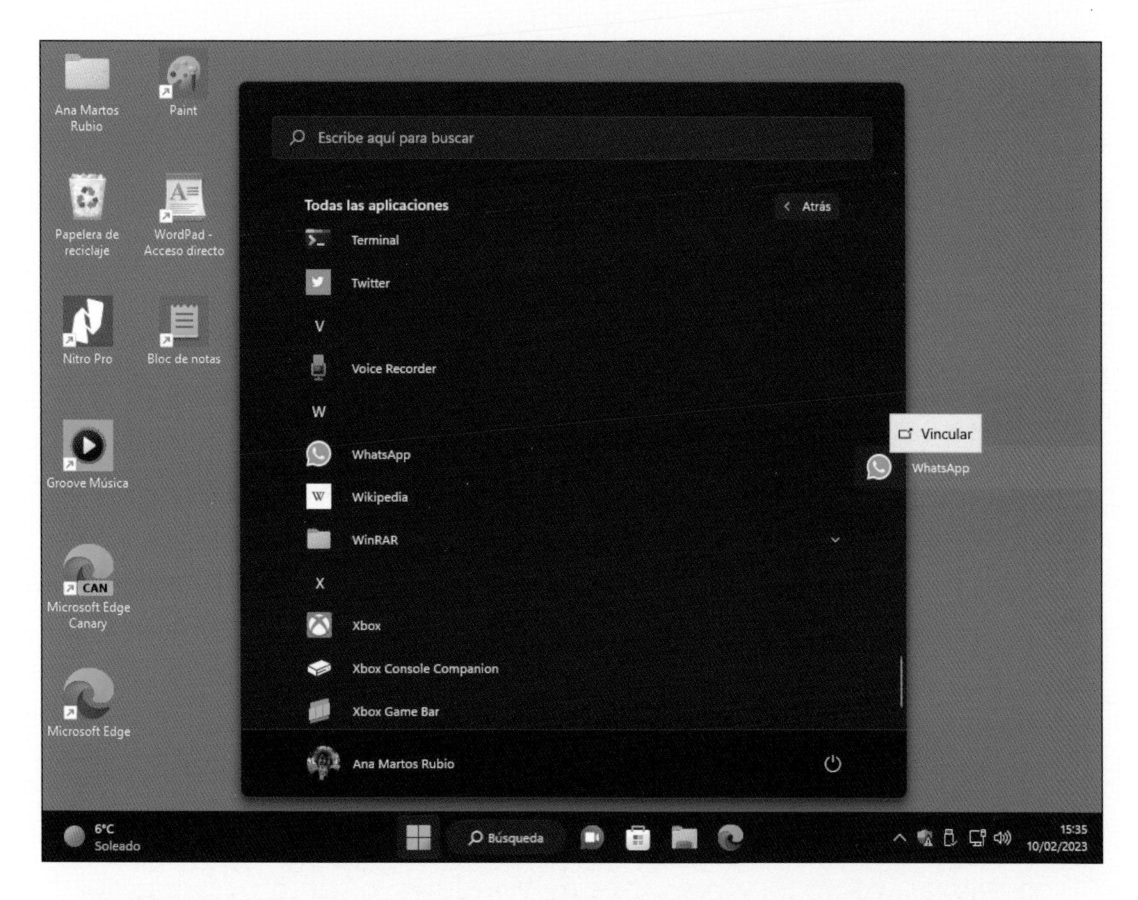

Figura 4.7. La aplicación quedará vinculada al icono del escritorio.

Desinstale una aplicación o un dispositivo

Si tiene aplicaciones que no utiliza, puede desinstalarlas. Algunas habrán llegado preinstaladas con Windows o usted las habrá instalado para probarlas, o bien se habrán instalado durante una transacción en Internet. A veces, al descargar o instalar una aplicación de una página web, se instalan pequeños programas sin que nos apercibamos. Incluso, la aplicación que instalamos nos pregunta si deseamos instalar alguna otra y, sin saber de qué se trata, aceptamos.

Desinstalar un dispositivo consiste en eliminar del disco duro los controladores, también llamados *drivers*, que se instalaron cuando se conectó el dispositivo y que hacen que Windows lo reconozca y lo gestione. Por ejemplo, si adquiere un nuevo escáner o una nueva impresora y retira el antiguo, es conveniente desinstalarlo para no tener programas innecesarios en el equipo, que podrían causar problemas.

AVISO:

Nunca borre una aplicación del ordenador. Desinstálela siempre. Las aplicaciones no se limitan a colocar un icono en el menú Inicio o en el escritorio y un archivo ejecutable en la carpeta Archivos de programa de Windows, sino que crean enlaces, bibliotecas y otros archivos en diversos lugares del disco duro. Si se borra el programa principal, el resto sigue funcionando y puede originar numerosos problemas. Tampoco se debe detener el proceso de instalación de una aplicación, porque quedan archivos a medio instalar que antes o después dan problemas. Es preferible terminar la instalación y después desinstalar la aplicación.

Algunas aplicaciones preinstaladas no se pueden desinstalar porque son nativas, como los Accesorios de Windows, o son programas del sistema operativo.

PRÁCTICA

Observe cómo se desinstala una aplicación o un dispositivo, por ejemplo, el escáner:

1. Localice el icono de la aplicación o del dispositivo en el menú Inicio.
2. Haga clic con el botón derecho sobre el icono de la aplicación o del dispositivo para abrir el menú y observe la opción Desinstalar (véase la figura 4.8). Si hace clic sobre ella, el icono desaparecerá del menú.

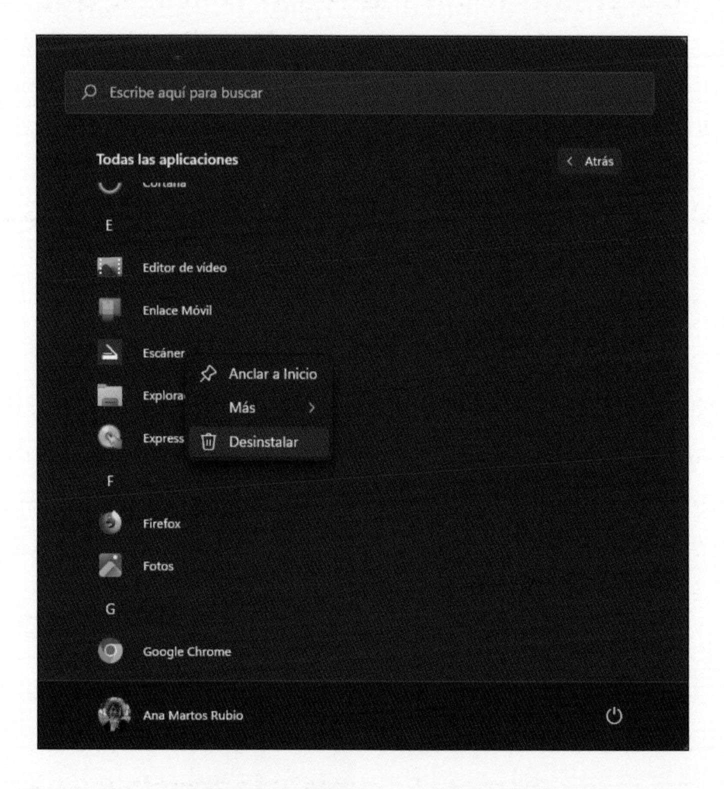

Figura 4.8. Vea cómo se desinstala el escáner.

3. Si la aplicación o el dispositivo tiene un programa propio de desinstalación, se abrirá. Siga las instrucciones del asistente hasta que este indique que se ha desinstalado.

LA PAPELERA DE RECICLAJE

Cuando se borra un archivo, un icono u otro objeto, Windows no lo elimina totalmente, sino que lo aloja en una carpeta temporal que se llama Papelera de reciclaje. La Papelera mantiene los elementos borrados hasta que usted decida eliminarlos por completo o necesite recuperar alguno.

De la misma forma, si borra una fotografía o un vídeo en su teléfono móvil, lo encontrará en la papelera durante algún tiempo, generalmente 30 días, antes de que el sistema lo elimine definitivamente. Para recuperarlo, solamente tendrá que tocarlo y después tocar Restaurar u otra opción similar, según el modelo de su móvil. La Papelera suele localizarse en la opción Fotos o similar, como se ve en la figura 4.9.

Figura 4.9. La papelera de Android en un teléfono móvil.

AVISO:

Windows solamente envía a la Papelera de reciclaje los elementos que se borren del disco duro del ordenador. Si usted borra un elemento de un disco regrabable o de un lápiz de memoria (*pendrive*), Windows lo eliminará directamente, aunque antes pedirá su confirmación para la eliminación definitiva. Si se trata de un elemento contenido en un disco externo, lo más probable es que el disco externo tenga su propia papelera de reciclaje, en cuyo caso Windows no le pedirá confirmación para eliminar definitivamente el elemento, sino para reciclarlo. Y podrá recuperarlo después si lo precisa.

PRÁCTICA

Practique con la Papelera de reciclaje:

1. Haga clic sobre el icono WhatsApp que hemos creado en el escritorio y arrástrelo hasta la Papelera de reciclaje. El icono desaparecerá.
2. Pruebe a crear un icono de otra aplicación del menú Inicio y arrástrelo sobre la papelera. Si tiene un documento o una imagen en el disco duro, llévelo también a la papelera, seleccionándolo con el ratón en el Explorador de archivos y pulsando la tecla **Supr** o haciendo clic con el botón derecho sobre el objeto y luego en la opción Eliminar del menú contextual.
3. Haga doble clic sobre el icono Papelera de reciclaje para abrir la ventana.
4. Haga clic con el botón derecho sobre el icono de WhatsApp y seleccione Restaurar en el menú.
5. Repita la acción sobre los iconos que desee restaurar. Desaparecerán de la Papelera y reaparecerán en el lugar en que estuvieran.

6. Si desea eliminar definitivamente un elemento dentro de la Papelera, selecciónelo y haga clic en la opción Eliminar del menú.
7. Para eliminar todos los elementos de la papelera, haga clic con el botón derecho sobre su icono en el escritorio y seleccione Vaciar Papelera de reciclaje en el menú.

AVISO:

Conviene vaciar de vez en cuando la Papelera, porque su contenido ocupa espacio en el disco duro y en el teléfono o tableta. Recuerde que, una vez vacía, nunca podrá recuperar su contenido. Antes de vaciarla, asegúrese de que no hay contenidos que le interesen y restáurelos.

SEGURIDAD EN INTERNET

Los equipos y dispositivos que acceden a Internet, que son prácticamente todos, están siempre expuestos a un ataque informático, por lo que es necesario protegerse contra esas amenazas. Incluso, aunque no se conecte a Internet, un programa obtenido en un disco o *pendrive* o copiado de algún conocido puede contener un virus oculto.

La cara oscura de Internet está plagada de amenazas para nuestra seguridad, porque nuestros datos personales son el principal objetivo de los piratas de la Red. Constantemente se oye hablar de fraudes y estafas que llegan al correo o a las redes sociales. Últimamente, las estafas están proliferando con mensajes creados mediante inteligencia artificial, para resultar más "reales" a la hora de engañar a un usuario y hacerle creer que se trata de un amigo, de su banco o de algún proveedor que le ha vendido algún producto. Tales mensajes suelen llegar por SMS al teléfono, prometiendo un premio o algo similar y solicitando acceder a un enlace que es una cueva de ladrones (véase la figura 4.10).

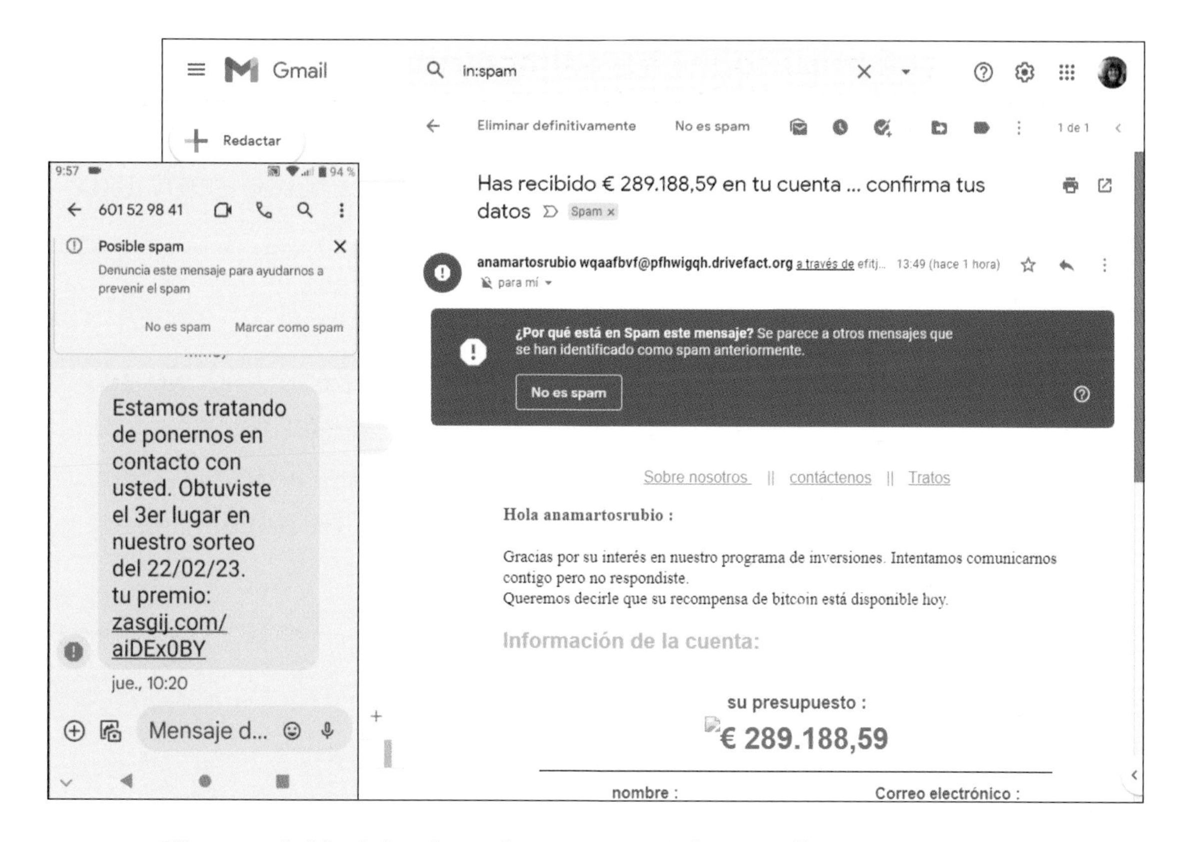

Figura 4.10. A la derecha, una estafa que llega por correo. A la izquierda, una estafa que llega por SMS.

Es importante desconfiar de todo mensaje que suscite la mínima duda, especialmente si está mal redactado, si llega en un idioma extranjero, si ofrece o pide dinero, si anuncia un premio en algo que no hemos participado o avisa de la llegada de un paquete que no hemos pedido. La desconfianza debe surgir en el momento en que un mensaje solicite datos personales. Recuerde que su banco, su operadora de telefonía, sus proveedores de servicios o productos, nunca solicitarán contraseñas, nombres de usuario, códigos de seguridad ni dato íntimo alguno y tampoco le pedirán datos personales por correo o mensaje, ya sea SMS o de otro tipo.

Muchas veces, nosotros mismos damos lugar a mensajes fraudulentos, cuando aceptamos sin revisar las condiciones que nos impone una aplicación, un producto o una suscripción. Recuerde que la letra pequeña existe también en línea y que una suscripción gratuita, por ejemplo, de un periódico o revista, puede convertirse en onerosa al cabo de un periodo de prueba. Al aceptar las condiciones, se acepta ese cambio y luego es muy difícil recuperar el pago bancario.

> **INFO:**
>
> La opción Seguridad de los teléfonos equipados con Android se encuentra en la pantalla que aparece al tocar el botón Ajustes. La opción Privacidad se encuentra al final de la pantalla Seguridad. Puede que el modelo de su teléfono lo lleve en otro lugar, pero localícelo y configure su seguridad y su privacidad.

Los antivirus y los antiespías

Los programas antivirus y antiespías se activan en el mismo momento en que se pone en marcha el equipo y permanecen alerta para detectar cualquier amenaza que trate de introducirse en el disco duro del ordenador o en la tarjeta del móvil o tableta. La mayoría de los antivirus incorporan la función antiespías, por lo que no es necesario adquirir dos programas distintos.

Para que un antivirus o antiespías resulte eficaz es imprescindible que haga lo siguiente:

- Examinar el equipo periódicamente, en busca de amenazas.
- En el caso de localizar un virus o espía, eliminarlo inmediatamente.

- Prevenir y advertir antes de entrar en un lugar peligroso de Internet o antes de instalar o ejecutar un programa potencialmente peligroso.
- Actualizarse con cierta frecuencia. Los virus mutan constantemente y cada día aparecen amenazas nuevas. Los antivirus se actualizan automáticamente.

Actualice su equipo

Recuerde que las actualizaciones de los equipos, tanto teléfonos como tabletas o PC, son importantes, no solo porque mejoran las funciones, sino porque incluyen parches de seguridad para evitar amenazas. Los teléfonos y las tabletas electrónicas se actualizan de forma automática, o bien recuerdan al usuario que debe actualizarse y hacer copias de seguridad de sus contenidos. Los navegadores también se actualizan emitiendo versiones que mejoran las versiones anteriores y presentan mayor resistencia a las amenazas de la Red.

Windows 11 emite actualizaciones periódicas que se instalan, como dijimos en el capítulo 2, advirtiendo al usuario de que no debe apagar el ordenador.

PRÁCTICA

Compruebe que su equipo está actualizado:

1. Haga clic en el botón Configuración del menú Inicio.
2. En la ventana que se abre, haga clic en Windows Update. Se encuentra en la parte inferior izquierda de la ventana (véase la figura 4.11).
3. Compruebe que su equipo está actualizado y observe que hay un botón Buscar actualizaciones para localizarlas en caso necesario.

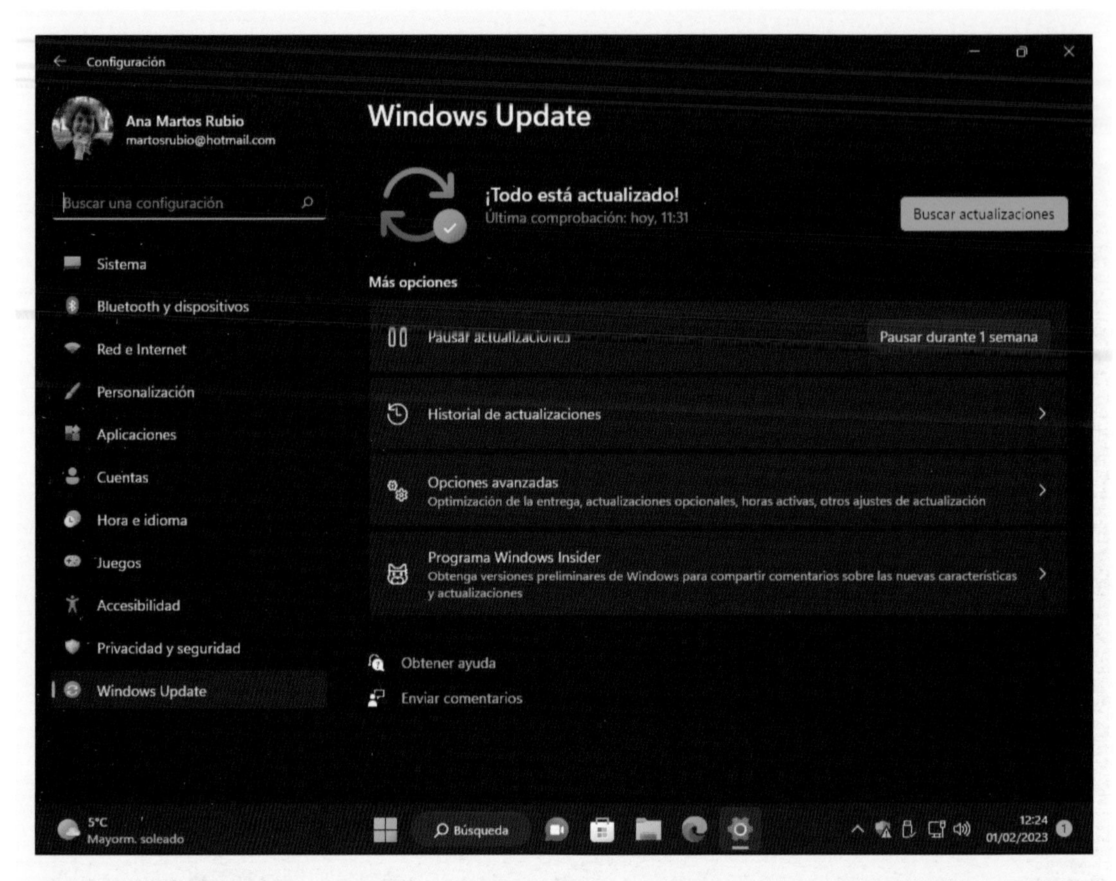

Figura 4.11. Compruebe que su equipo esta actualizado.

Seguridad de Windows

Windows 11 incorpora una aplicación de seguridad, llamada Seguridad de Windows. que protege su equipo de antivirus y de antiespías, por lo que no es necesario adquirir otro antivirus.

PRÁCTICA

Compruebe la seguridad de su equipo:

1. En la ventana anterior, haga clic en Privacidad y Seguridad, en la lista de opciones de la izquierda, encima de Windows Update.

2. Haga clic en Seguridad de Windows, como se indica en la figura 4.12.

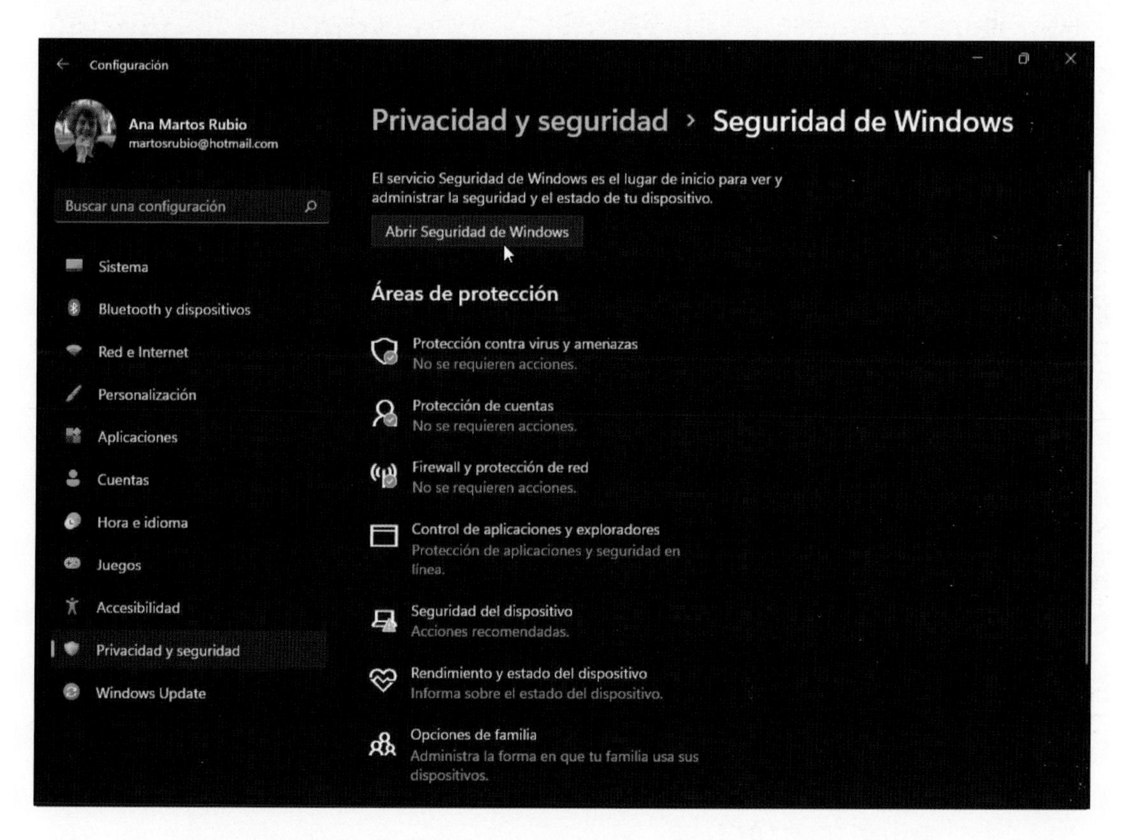

Figura 4.12. Compruebe la seguridad de su equipo.

3. Compruebe que todos los recursos de seguridad están activados, muestran una marca verde e indican que no se requiere acción alguna.

Protección contra virus y amenazas
No se requieren acciones.

4. Si observa algún indicador amarillo en alguna función de seguridad, haga clic en el botón Abrir Seguridad de Windows, situado en la parte superior central de la ventana.
5. Si sospecha que su equipo ha sufrido un ataque, haga clic en la opción Protección antivirus y contra amenazas y después haga clic en el botón Examen rápido.

Antes de vender o desechar su teléfono o su tableta, elimine sus datos. Cada teléfono o tableta tiene su método específico para borrar o cifrar los datos del usuario, de manera que nadie pueda leerlos y utilizarlos. Si ha pensado en vender o ceder algún dispositivo electrónico, lo más seguro es consultar con su operador de telefonía para que le explique la forma de eliminar toda la información personal.

Si lo que va a vender o desechar es un PC, lo más seguro es formatearlo. Para ello, es conveniente pedir ayuda porque el proceso suele ser complejo, ya que el disco duro puede estar dividido en varias particiones y es preciso asegurarse de formatearlas todas.

Seguridad y privacidad del navegador

El navegador de Windows es Microsoft Edge, que veremos en el capítulo 6. Edge tiene una importante función para prevenir el seguimiento que otros hacen de su navegación, con el fin de averiguar sus intereses y sus búsquedas y poder después ofrecerle productos y servicios. Si desea hacer una navegación privada, sin que otros sigan sus movimientos, haga la siguiente práctica.

PRÁCTICA

Active la privacidad de Microsoft Edge:

1. En la ventana de Edge, haga clic en el botón Configuración y más, que muestra tres puntos suspensivos en la esquina superior derecha, y haga clic en la opción Configuración, que encontrará al final del menú que se despliega.

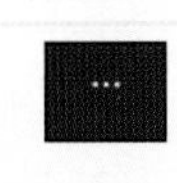

2. Haga clic en el botón Menú configuración en la esquina superior izquierda.

3. Haga clic en la opción Privacidad, búsqueda y servicios.
4. Haga clic en el botón de la opción Prevención de seguimiento para activarlo. Cuando esté activo, tendrá color azul. 
5. Haga clic en Prevención de seguimiento estricta, como se ve en la figura 4.13.

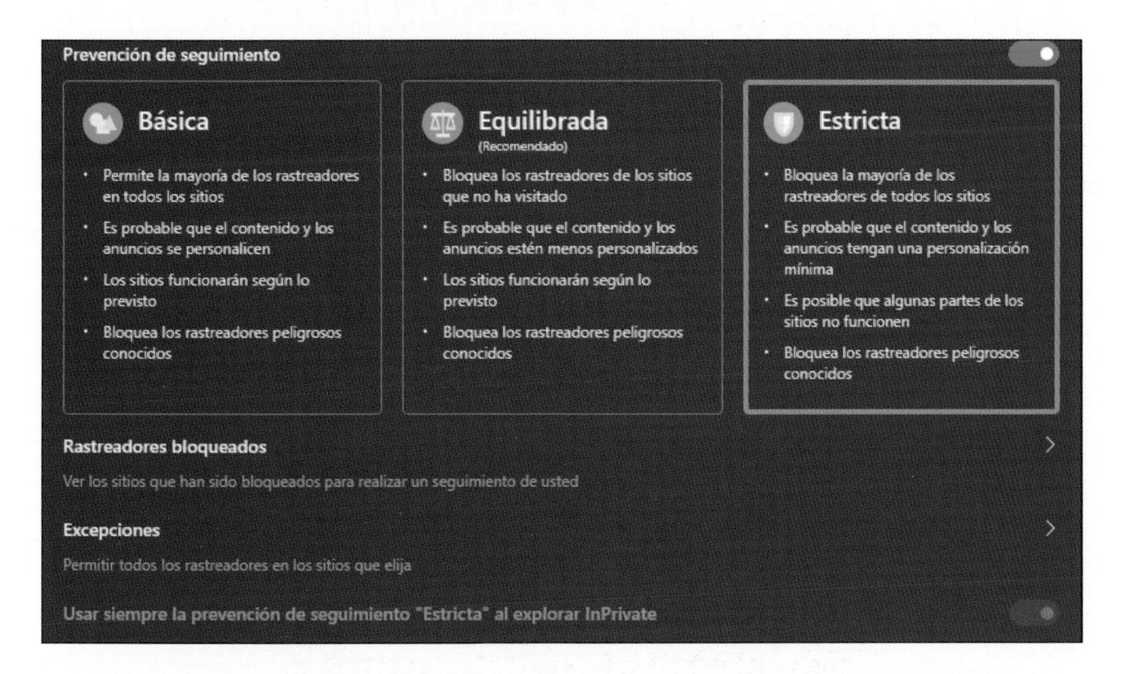

Figura 4.13. Seleccione la prevención de seguimiento estricta.

5

Herramientas multimedia

Además de los elementos de entrada, salida y almacenamiento que hemos visto, el ordenador cuenta también con aplicaciones y dispositivos para realizar actividades multimedia, que implican sonido, imagen o vídeo.

AVISO:

Antes de manipular y probar las herramientas multimedia de Windows 11, es conveniente hacer una copia de las imágenes, vídeos o archivos sonoros que vaya a utilizar. Cópielos a un disco externo o a un *pendrive*.

IMÁGENES Y FOTOGRAFÍAS

Windows 11 ofrece varias aplicaciones para la edición y gestión de imágenes.

El Escáner de Windows

La aplicación Escáner de Windows 11 permite gestionar fácilmente un escáner instalado en el equipo.

PRÁCTICA

Escanee una fotografía:

1. Coloque la fotografía boca abajo en la bandeja o ranura del escáner.
2. En el menú Inicio de Windows, haga clic en Escáner en la letra E de la lista de aplicaciones.
3. Haga clic en Mostrar más para ver las opciones. Compruebe la resolución en la opción Resolución (ppp). Aumente o disminuya los puntos

por pulgada para obtener mayor o menor resolución. Recuerde que, si la imagen resulta muy grande, no podrá abrirla con algunas aplicaciones.

4. Compruebe el color en la opción Modo de color. Si se trata de un texto o de una imagen en blanco y negro, lo mejor es que el color seleccionado sea Escala de grises.
5. La opción Guardar el archivo invita a guardar la imagen en la carpeta Documentos escaneados, dentro de la carpeta Documentos del Explorador de archivos.
6. Haga clic en Vista previa para comprobar la posición de la imagen. Haga clic en uno de los círculos y arrástrelo para ajustar el marco que delimita el área a escanear. 
7. Haga clic en Digitalizar, se verá como en la figura 5.1.

Figura 5.1. La aplicación Fotos con la fotografía escaneada.

La aplicación Fotos

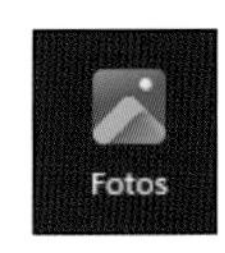

La aplicación Fotos es útil para reproducir, editar e imprimir fotografías o imágenes. Encontrará su icono en el menú Inicio.

PRÁCTICA

Edite e imprima la fotografía escaneada:

1. Haga clic en el botón Explorador de archivos de la barra de tareas de Windows.
2. Haga clic en la carpeta Documentos, que se halla en la columna izquierda, y luego haga clic en la carpeta Documentos digitalizados. Ahí encontrará la fotografía que ha escaneado. Ahora puede cambiarle el nombre como hicimos en el capítulo 2. Haga clic sobre la foto y arrástrela con el ratón a la carpeta que desee, por ejemplo, Imágenes.
3. Haga doble clic sobre la imagen escaneada para abrirla. Windows la mostrará con la aplicación Fotos. Si hay más imágenes en la misma carpeta, podrá verlas en la secuencia de miniaturas que aparecen en la parte inferior de la pantalla, como muestra la figura 5.1.
4. Si necesita mejorarla, revise las opciones de Fotos aproximando el puntero del ratón a la barra de iconos que aparece en la parte superior de la ventana (véase la figura 5.1) para ver su cometido. Si ha retocado alguna fotografía con su teléfono móvil, verá que las opciones son similares.
5. Si desea mantener el original antes del retoque, haga clic en Guardar una copia. De lo contrario, haga clic en el icono que muestra tres puntos suspensivos en la parte superior de la pantalla para abrir el menú.

6. Haga clic en Guardar. Para imprimirla, haga clic en Imprimir, como se señala en la figura 5.2.

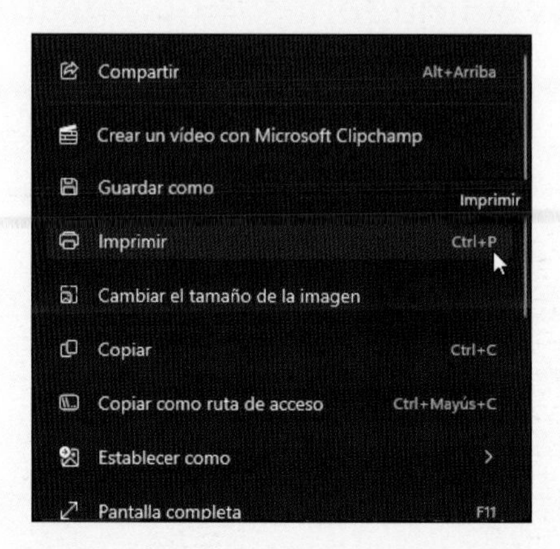

Figura 5.2. El menú de la aplicación Fotos.

El formato PDF es muy útil para guardar, compartir e imprimir documentos o fotografías. Si dispone de una aplicación que maneje documentos en ese formato, como Adobe o Nitro, puede guardar así una fotografía.

PRÁCTICA

Guarde o imprima una fotografía en formato PDF:

1. Con la fotografía en la pantalla de Fotos, despliegue el menú que aparece en la figura 5.2 y seleccione Imprimir.
2. En la pantalla para imprimir, haga clic en la opción Microsoft Print to PDF (véase la figura 5.3). Si tiene más de una aplicación para PDF, seleccione en el menú siguiente la que desea utilizar y haga clic en Imprimir.
3. Escriba el nombre del archivo y seleccione la carpeta para guardarlo, en la ventana Guardar como. Haga clic en Guardar.

4. Localice la foto en la carpeta en que la guardó y haga doble clic para abrirla con su aplicación para PDF, como se ve en la figura 5.3.

Figura 5.3. Guarde una foto en PDF.

Paint

Windows trae una aplicación para dibujar, Paint, y otra para visualizar las imágenes en tres dimensiones, Paint 3D. Paint es útil también para guardar capturas de pantalla.

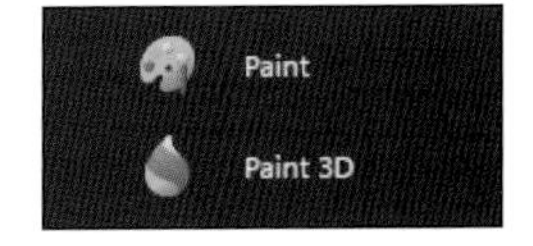

PRÁCTICA

Haga una captura de pantalla:

1. Abra una imagen o una página web.
2. Pulse la tecla **ImprPant** del teclado de su ordenador.
3. Haga clic en el icono Paint en la lista de aplicaciones del menú Inicio.
4. Cuando se abra Paint, pulse las teclas **Control-V** del teclado, para pegar la imagen capturada.
5. Para guardar la imagen, haga clic en la opción Archivo, en el borde superior de Paint, y luego haga clic en Guardar como. Seleccione la carpeta de destino en la opción Guardar como, como se ve en la figura 5.4, escriba el nombre y haga clic en Guardar.

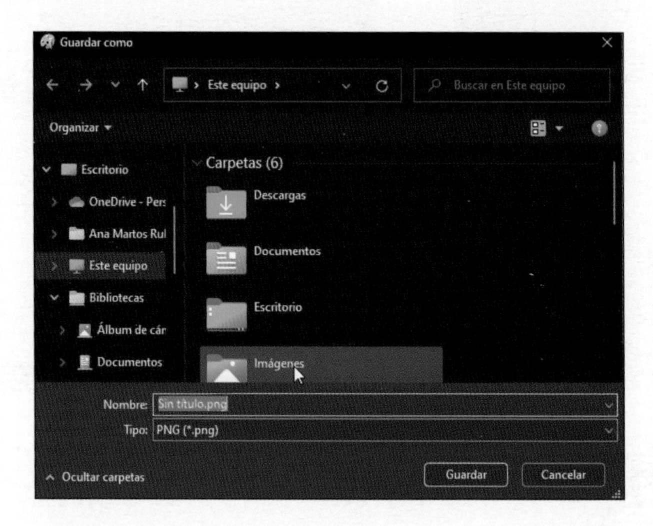

Figura 5.4. La ventana Guardar como.

La Herramienta Recortes

La aplicación Herramienta Recortes permite capturar zonas de la pantalla. Se encuentra en la lista alfabética de aplicaciones del menú Inicio.

PRÁCTICA

Capture una imagen con la Herramientas Recortes:

1. Haga clic en el botón Widgets, en el extremo izquierdo de la barra de tareas, para desplegar la ventana. Este botón suele mostrar el tiempo.

2. Pulse a la vez las teclas **Windows-Mayús-S.** La Herramienta Recortes se abrirá en la parte superior de la pantalla, explicando que guarda las capturas en la carpeta Capturas de pantalla.
3. Haga clic sobre una imagen de Widgets y arrastre el ratón para seleccionar la zona o la fotografía que desee, como se ve en la figura 5.5.

Figura 5.5. Seleccione un recuadro de la ventana Widgets.

4. En el Explorador de archivos de Windows, haga clic en la carpeta Imágenes y luego haga clic en la subcarpeta Capturas de pantalla. Cambie el nombre de la imagen cuando aparezca y arrástrela con el ratón a la carpeta Imágenes o a la carpeta que desee.

SONIDO Y VÍDEO

Si su equipo lleva incorporada una cámara fotográfica, puede utilizar la aplicación Cámara de Windows para tomar fotografías o vídeo. También podrá iniciar una videollamada con alguno de sus contactos, haciendo clic en el botón Chat de la barra de tareas.

Si no dispone de cámara, puede adquirir una cámara web a un precio muy económico. Las cámaras web suelen llevar un micrófono integrado, que le permitirá comunicarse verbalmente con otra persona, mediante un programa de videollamada, como Skype o WhatsApp.

Si ha conectado un micrófono a su equipo o ya viene incorporado, puede grabar su voz utilizando la aplicación Grabadora de voz, que encontrará en la letra G de la lista de aplicaciones del menú Inicio de Windows.

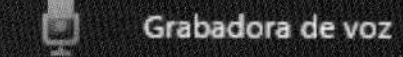

Windows 11 trae instalada una aplicación para reproducir música o archivos de voz, el Reproductor multimedia, otra para reproducir películas y vídeo, Películas y TV y otra para editar o crear vídeos, Clipchamp Editor de vídeo. Encontrará los iconos de las tres *apps* en la lista de aplicaciones del menú Inicio.

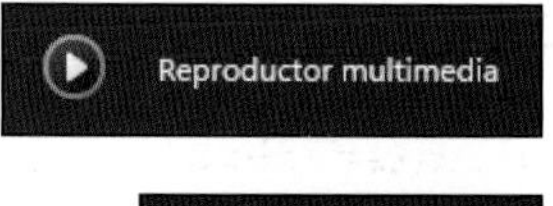

> **AVISO:**
>
> Si tiene Windows 10 o no puede localizar Clipchamp Editor de vídeo, descárguelo gratis haciendo clic en el icono Tienda de la barra de tareas, escribiendo **Clipchamp Editor de vídeo** en la casilla Buscar aplicaciones y haciendo clic en el botón Instalar.

Gestión de archivos multimedia

De forma predeterminada y si no se le ordena otra cosa, Windows guarda las descargas en la carpeta Descargas, las imágenes en la carpeta Imágenes, los archivos de sonido en la carpeta Música y los vídeos en la carpeta Vídeos, que se encuentran en el Explorador de archivos. Dentro de esas carpetas, hay subcarpetas con contenidos más específicos. Por ejemplo, hemos visto que las imágenes digitalizadas se guardan en la subcarpeta Documentos digitalizados, dentro de la carpeta principal Documentos.

Si usted quiere guardar una imagen, sonido o vídeo en una carpeta diferente, utilice la opción Guardar como en lugar de Guardar y podrá indicar la carpeta de destino.

Los archivos se abren o se ejecutan haciendo doble clic sobre ellos en el Explorador de archivos de Windows. Cada archivo se abrirá con la aplicación predeterminada. Si ha grabado un archivo de voz con la Grabadora, se abrirá con el Reproductor multimedia. Si hace doble clic sobre un vídeo, se abrirá con Películas y Tv, como se ve en la figura 5.6.

Si, además de las aplicaciones predeterminadas, tiene otras aplicaciones para ver fotografías o reproducir música o vídeos, la primera vez que haga doble clic sobre un archivo de imagen, de sonido o de vídeo, Windows le preguntará con cuál quiere abrir el archivo.

Figura 5.6. Los vídeos se reproducen con la aplicación Películas y Tv de Windows 11.

Si desea que ese tipo de archivos se abra siempre con la misma aplicación, selecciónela y haga clic en Usar siempre esta aplicación para abrir los archivos (y el tipo de archivo a continuación). En la figura 5.7, puede ver este procedimiento para un archivo de música Mp3. Haga clic en Aceptar.

TRUCO:

Si solamente quiere abrir una vez un archivo con una aplicación determinada, por ejemplo, abrir una imagen con Paint en lugar de abrirla con Fotos, haga clic con el botón derecho sobre el archivo de imagen en el Explorador de archivos de Windows y seleccione Abrir con en el menú. En el submenú que se abre a continuación, haga clic en la aplicación que desee, como se muestra en la figura 5.8.

Figura 5.7. Elija la aplicación para abrir un archivo musical.

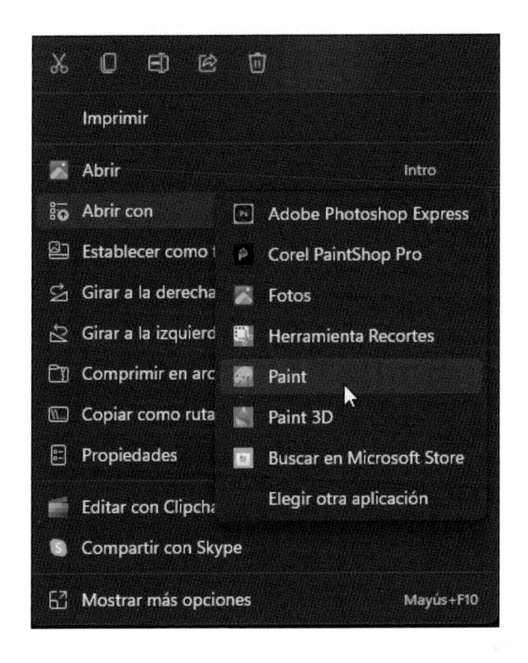

Figura 5.8. El menú Abrir con permite abrir un archivo con una aplicación distinta de la predeterminada.

EL TELÉFONO MÓVIL COMO ELEMENTO MULTIMEDIA DEL ORDENADOR

El teléfono inteligente se comporta como un elemento multimedia del ordenador, porque es capaz de capturar o de almacenar imagen, sonido y vídeo. Conectado al ordenador, permite descargar, copiar, mover o intercambiar contenidos multimedia.

Según el tipo y modelo de teléfono que usted tenga, Windows 11 podrá reconocerlo o no. Por tanto, veremos dos formas de transferir objetos multimedia entre el teléfono y el ordenador, conectando el teléfono al ordenador y sin conectarlo.

Conexión del teléfono al ordenador

Para conectar su teléfono móvil al ordenador, utilice el cable de carga de la batería u otro similar. Inserte el conector miniUSB al teléfono y el conector USB a un puerto USB del PC.

Abra el Explorador de archivos de Windows y observe si su teléfono aparece como un dispositivo. Haga clic en la opción Este equipo, en la columna izquierda del Explorador, para ver todos los dispositivos conectados (véase la figura 5.9). Si no aparece el nombre de su teléfono, por ejemplo, Alcatel, Phone, Dispositivo móvil, es que Windows 11 no lo ha reconocido.

Algunos teléfonos interpretan que la conexión USB es para cargar la batería y no para intercambiar información con el PC. Si su teléfono no aparece en el Explorador de archivos, vuelva a insertar el conector en el puerto USB, arrastre la pantalla del teléfono con el dedo hacia arriba y, cuando vea la opción Conexión con el ordenador, toque el botón Dispositivo multimedia, para activarlo. La figura 5.10 muestra un teléfono que tiene activado el modo Solo carga, por lo que es preciso activar el modo Dispositivo multimedia.

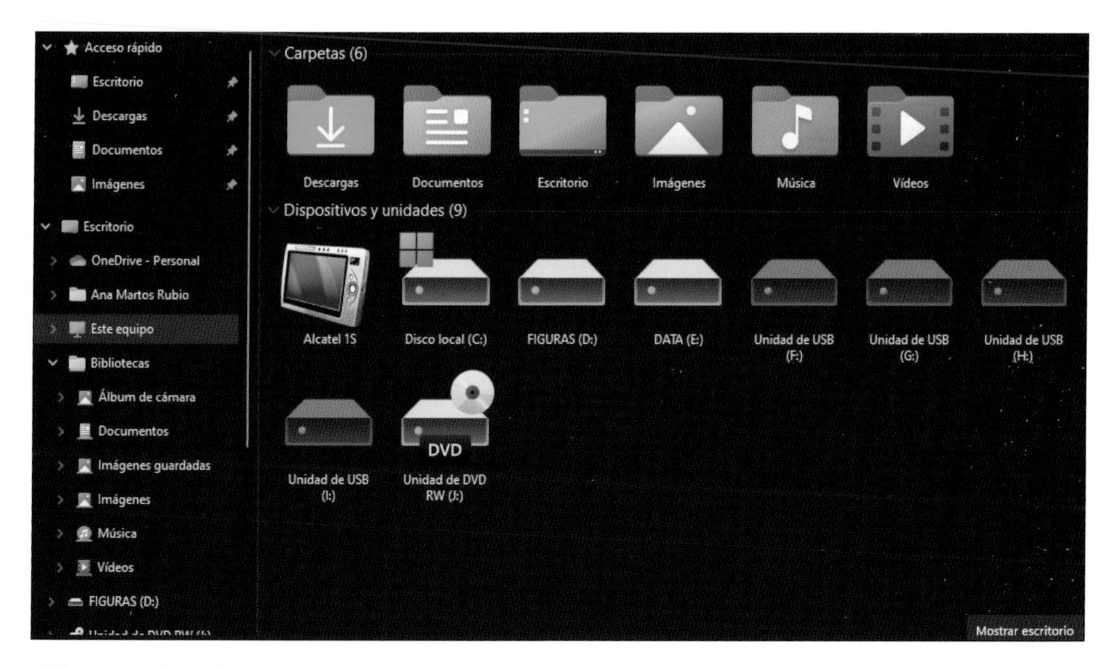

Figura 5.9. La ventana del Explorador de archivos con la opción Este equipo y el teléfono Alcatel.

Figura 5.10. Toque el botón Dispositivo multimedia.

Si, aun así, Windows 11 no reconoce su teléfono, pruebe a cambiar de cable y conectarlo al PC con un cable igual al que ha utilizado, pero más corto.

PRÁCTICA

Copie fotografías de su móvil a su equipo:

1. Haga clic en el icono del teléfono para desplegarlo y luego haga clic en la carpeta del teléfono donde se encuentran las fotografías. Generalmente se llamará Pictures, Fotos, Álbum de cámara, Imágenes o WhatsApp>Media, según la forma en que las haya obtenido y según la forma en que su teléfono denomine las carpetas.
2. Cuando las fotografías del teléfono aparezcan en el panel central del Explorador de archivos, haga clic en una de ellas para seleccionarla y, sin soltar el ratón, arrástrela sobre la carpeta Imágenes, para copiarla. Recuerde que puede copiar varias a la vez seleccionándolas, como vimos en el capítulo 2.
3. Si, en vez de copiar, quiere trasladar la foto del teléfono al ordenador, haga clic sobre ella con el botón derecho del ratón y arrástrela sobre la carpeta Imágenes. Cuando la suelte, aparecerá un menú en el que podrá seleccionar la opción Mover aquí, como vimos en el capítulo 3.

INFO:

El mismo método que utilizamos en el capítulo 3 para copiar y mover archivos entre el ordenador y un disco externo o lápiz de memoria se aplica para copiar o mover archivos entre el ordenador y el teléfono o la tableta.

TRUCO:

Si va a deshacerse de su teléfono, traslade en bloque los contenidos al ordenador de la forma que hemos visto en la práctica anterior.

Conexión mediante WhatsApp

En el capítulo 4 hemos instalado WhatsApp para Windows. Ahora lo podremos utilizar como un medio de conexión del teléfono al PC.

PRÁCTICA

Traslade objetos del teléfono al ordenador con WhatsApp:

1. Cree un nuevo contacto en su teléfono móvil, con el nombre que desee, por ejemplo, Yo, y el número de su teléfono.
2. Abra WhatsApp en el teléfono y toque el icono para agregar nuevos contactos, que encontrará al final de la pantalla. Localice el contacto que ha creado con su número de teléfono que aparecerá con la indicación (Tú) tras el nombre que usted le haya dado.  
3. Utilice su chat como si fuera el de otra persona. Copie fotos, vídeos, etc., de su teléfono a su chat, utilizando los botones Compartir, Reenviar o los que emplee habitualmente. Si lo desea, puede grabar un mensaje de voz tocando el icono del micrófono.

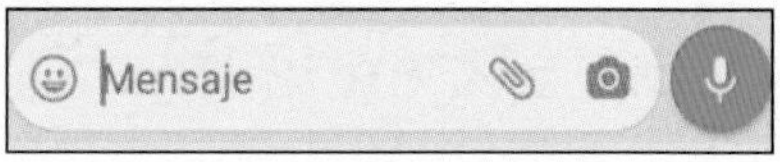

4. Abra WhatsApp para Windows en su ordenador y acceda a su chat. Haga clic con el botón derecho del ratón sobre la fotografía o mensaje de voz que desee y seleccione Guardar como en el menú, como aparece en la figura 5.11. Guárdelo en la carpeta que desee de su PC con la misma ventana Guardar como que hemos utilizado anteriormente para guardar fotos.

Figura 5.11. El menú para guardar archivos de WhatsApp en el PC.

5. Utilice el clip de la ventana Escribe un mensaje para copiar a su chat documentos, imágenes o vídeos de su ordenador. Luego podrá abrirlos en WhatsApp de su teléfono, guardarlos en la carpeta adecuada, compartirlos, ponerlos en su estado, eliminarlos, etc.

Si copia un archivo de voz de WhatsApp al PC, es posible que no pueda abrirlo con ninguna de las aplicaciones de Windows 11. En tal caso, haga clic en el icono Tienda de la barra de tareas y localice VLC media player. Si no lo encuentra, escriba **vlc** en la barra de búsquedas de la tienda. Haga clic en Instalar cuando lo localice, como se ve en la figura 5.12.

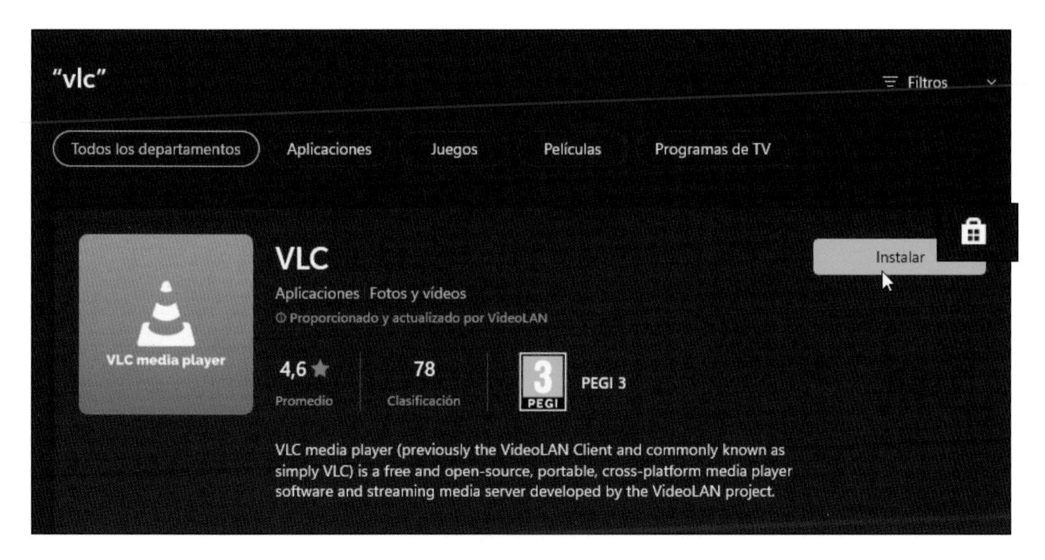

Figura 5.12. Instale VLC media player en su equipo para leer mensajes de voz de WhatsApp.

Una vez instalado, pruebe a abrir un mensaje de voz en el Explorador de archivos, haciendo clic con el botón derecho y seleccionando Abrir con>VLC media player en el menú contextual.

TRUCO:

Si su PC tiene un lector de CD/DVD, podrá reproducir películas con VLC media player, si la aplicación de Windows Películas y TV no consigue reproducir ese formato.

6

Aplicaciones para Internet

Windows 11 incorpora varias herramientas para Internet. Si usted suele acceder a Internet con su tableta o su teléfono móvil, habrá utilizado un navegador, que es una aplicación que permite buscar y desplazarse entre páginas web. El más popular es Google Chrome. Aunque lo puede seguir utilizando con Windows, en este capítulo veremos los que ofrece Microsoft con Windows 11.

Los navegadores son aplicaciones para navegar por Internet, es decir, para visitar páginas web indicando su dirección. Los buscadores son motores que recorren la web para buscar la información que se solicita mediante palabras clave. El navegador de Microsoft, Edge, va equipado con el motor de búsqueda Bing, que también es de Microsoft.

LA INTELIGENCIA ARTIFICIAL DE BING

Bing es el buscador de Microsoft que incluye un robot con inteligencia artificial para responder a las preguntas que se le planteen. Estos robots virtuales o chats de inteligencia artificial se conocen como *chatbots* y ejecutan tareas relacionadas con el lenguaje. El más popular actualmente es ChatGPT. Muchos navegadores y buscadores lo incorporan.

PRÁCTICA

Plantee una pregunta a Bing:

1. Haga clic en la casilla de búsquedas de la barra de tareas de Windows 11.

2. Cuando se despliegue la ventana de búsquedas, haga clic en el botón Abrir en Edge que muestra el logotipo de Bing y está situado en la esquina superior derecha de la ventana (véase la figura 6.1).

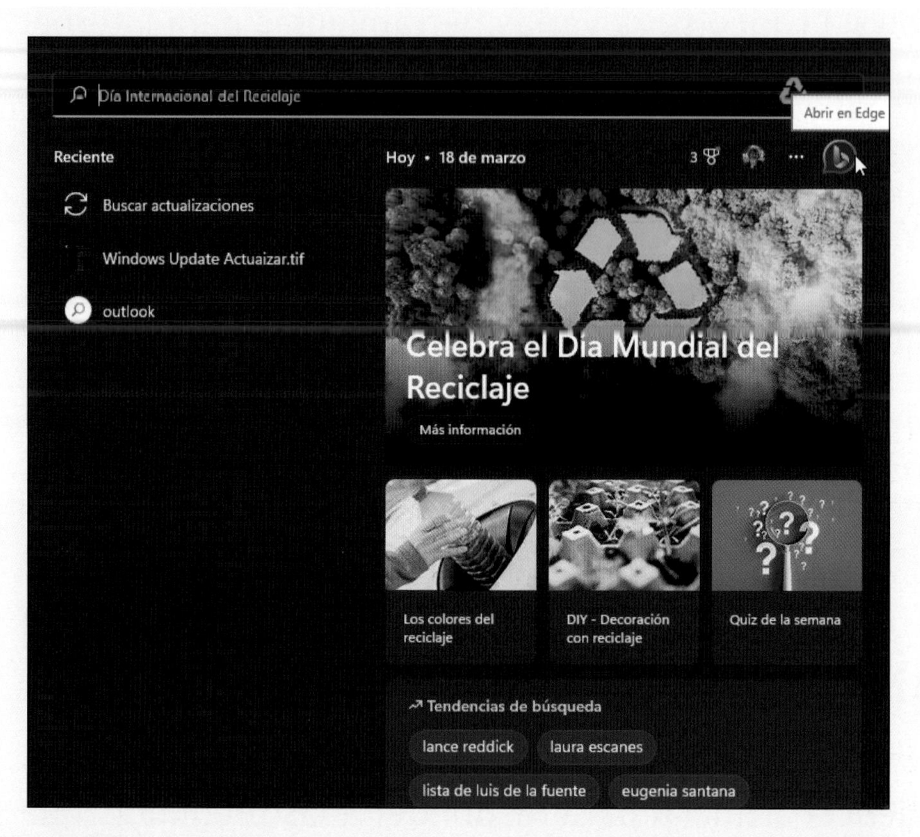

Figura 6.1. La ventana de búsquedas y el botón Abrir en Edge.

3. Elija el tipo de conversación que desee, Creativo, Equilibrado o Preciso. Escriba una pregunta en la casilla inferior, por ejemplo, **donde puedo invitar a comer a mi familia en san sebastian en un restaurante que se vea el mar**. No es preciso poner puntuación ni mayúsculas (véase la figura 6.2).
4. Haga clic en el botón Siguiente que tiene forma de flecha. Observe los resultados que ofrece Bing (véase la figura 6.3). 
5. Pulse la tecla **F11** para ver la pantalla completa. Para salir de ese modo, vuelva a pulsar **F11** o **Esc**.
6. Haga clic en el resultado que le interese. Bing muestra la información en el navegador Microsoft Edge que veremos a continuación.

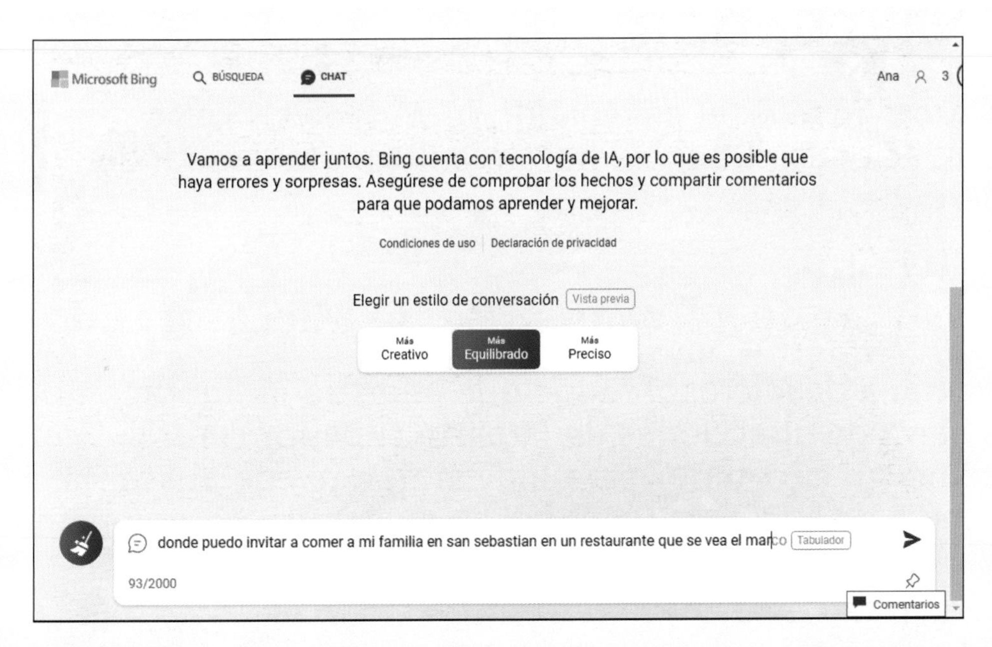

Figura 6.2. Haga una pregunta al robot de inteligencia artificial de Bing.

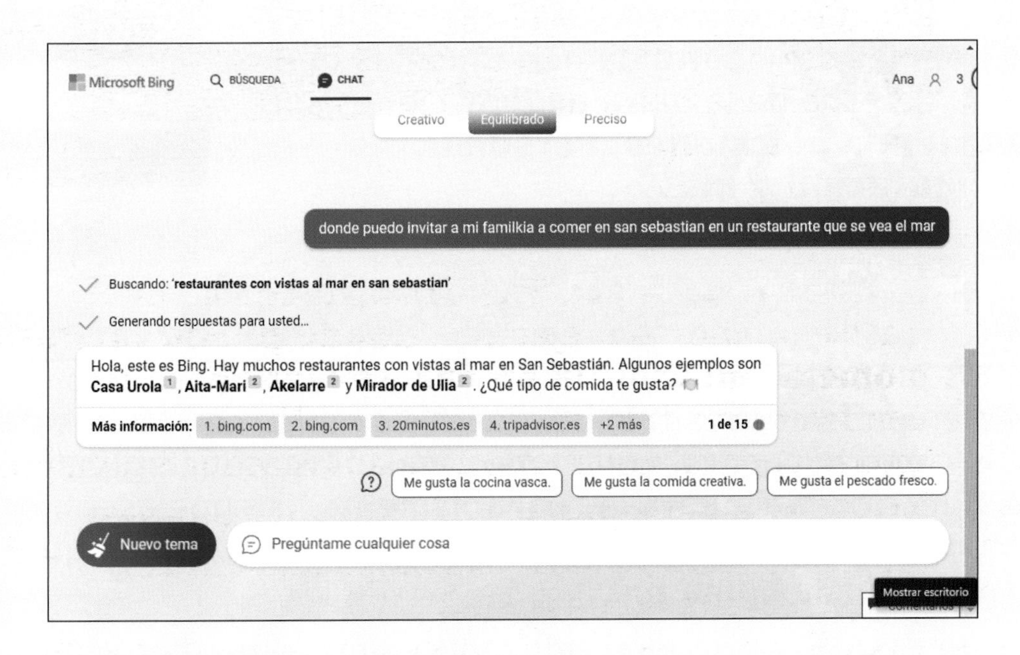

Figura 6.3. La respuesta de Bing y sus sugerencias.

7. Para cerrar la ventana del navegador, haga clic en el botón Cerrar, de la esquina superior derecha, que tiene forma de aspa.

EL NAVEGADOR

Microsoft Edge es el navegador de Windows 11. Se inicia haciendo clic en su botón, en la parte central de la barra de tareas.

Las barras de herramientas de Microsoft Edge

La ventana de Microsoft Edge que muestra la figura 6.4 ofrece una barra de direcciones en la parte superior central. Tiene una lupa en su interior para indicar que puede buscar la dirección de la página web que se quiera visitar, por ejemplo, `www.renfe.com`.

En el extremo izquierdo de esa barra, hay una barra de herramientas, cuyos botones, de izquierda a derecha, son **Anterior**, **Actualizar** e **Inicio**. Los botones de la barra de herramientas que se ve a la derecha de la barra de direcciones son **Favoritos**, **Colecciones**, **Personal**, **Configuración y más**.

Las búsquedas con Microsoft Edge

Hemos probado las búsquedas inteligentes de Bing. Pero también podemos realizar búsquedas simples con Microsoft Edge, como imágenes, contenidos, palabras, noticias, vídeos, una dirección, etc., para lo cual solamente hay que escribir las palabras clave necesarias en la casilla Buscar en la web, que puede ver en la figura 6.4.

En este caso, Edge seguirá utilizando Bing como motor de búsqueda, pero, en lugar de emplear la pestaña Chat que ha utilizado para la consulta anterior, utilizará la pestaña Búsqueda. Puede ver ambas pestañas en la figura 6.3.

Esta casilla de búsquedas contiene una barra de herramientas con tres botones:

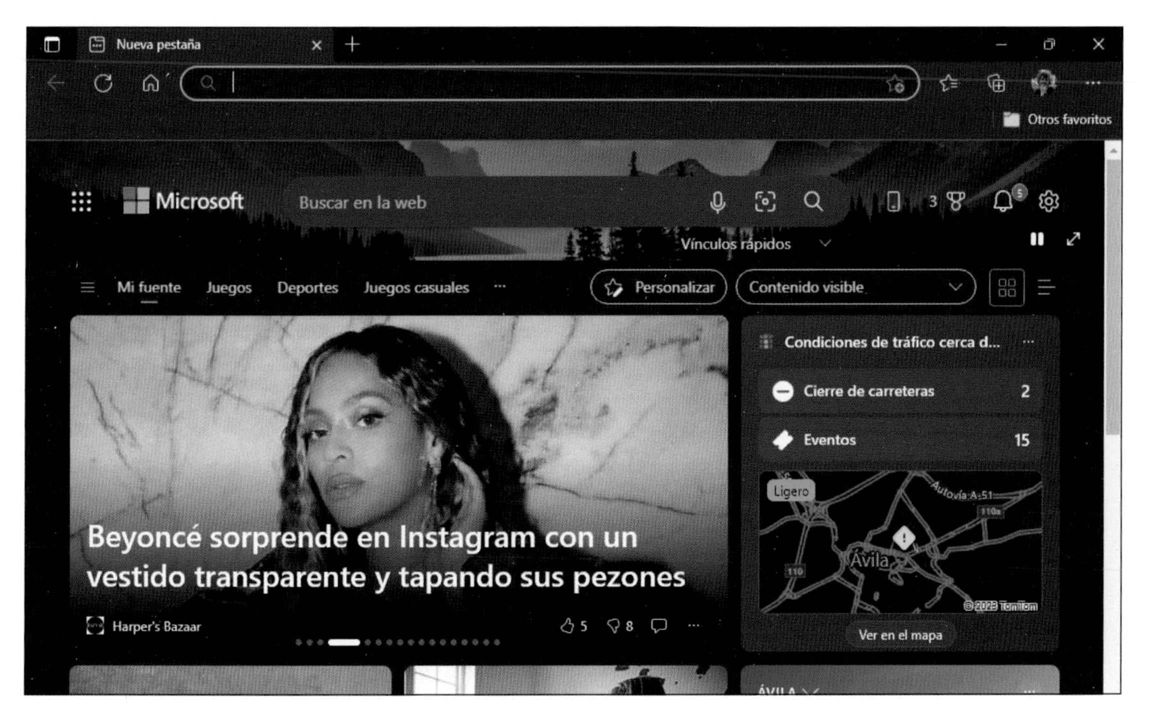

Figura 6.4. La ventana de Microsoft Edge.

- Buscar por voz: Si tiene un micrófono conectado, diga la palabra clave para que Edge la busque, por ejemplo, **cuadros del Greco**.
- Buscar por imagen: Si tiene una imagen o una fotografía, haga clic en este botón y arrastre la imagen sobre la ventana que se despliega, para buscar imágenes similares.
- Buscar: Escriba la palabra o palabras clave y haga clic en este botón que tiene forma de lupa.

PRÁCTICA

Busque y guarde una página web en su equipo:

1. Para buscar una imagen, escriba una o varias palabras clave en la casilla Buscar en la web de Microsoft Edge, por ejemplo, **cuadros del greco** y haga clic en la lupa.

2. La ventana de Bing se abrirá con la pestaña Búsqueda. Haga clic en la opción IMÁGENES y después haga clic en la lupa o pulse la tecla **Intro**.

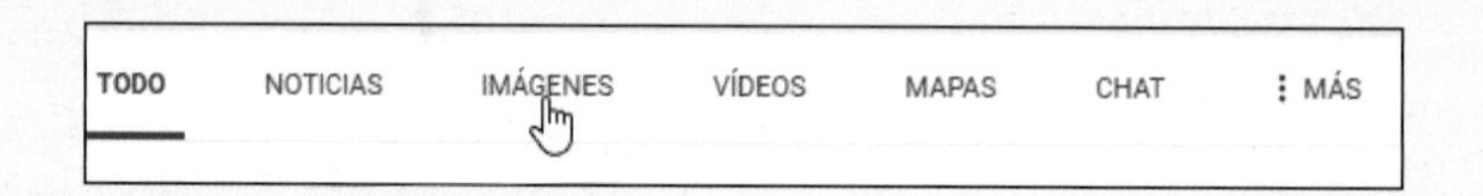

3. Para buscar una dirección, escriba la calle, el número y la ciudad y haga clic en MAPAS.
4. De la misma forma puede buscar noticias o vídeos, haciendo clic en la opción que desee tras escribir la palabra clave. Puede eliminar el texto de la búsqueda anterior haciendo clic en el botón Borrar que tiene forma de aspa.
5. Para tener siempre a mano la página que ha encontrado, haga clic en el botón Favoritos de la barra de herramientas a la derecha de la barra de direcciones.

6. La barra de favoritos de Bing mostrará una etiqueta con el nombre de la página. Cuando quiera visitarla, haga clic en ella.

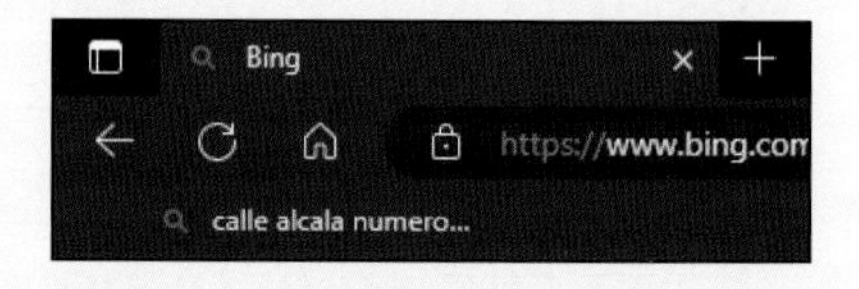

7. Para guardar la página en su equipo, haga clic en el botón Configuración y más que muestra tres puntos suspensivos, en la barra de herramientas de la derecha. Haga clic en la opción Imprimir del menú que se despliega.
8. Guarde la página en formato PDF como hicimos en el capítulo 5 con la opción Guardar como PDF. Si lo desea, puede guardarla en modo Pantalla completa (F11), como se ve en la figura 6.5.

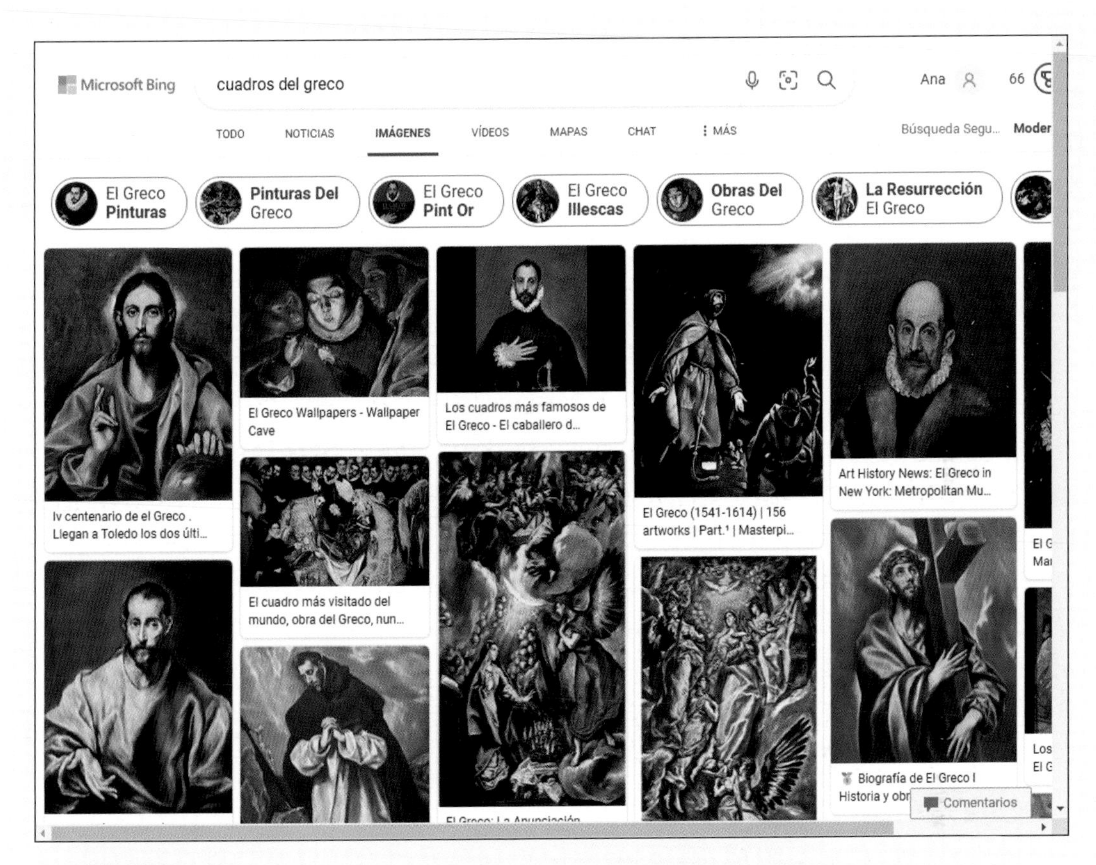

Figura 6.5. Guarde en PDF una página de imágenes en modo pantalla completa.

TRUCO:

La primera página web que aparece al ejecutar un navegador es su pagina de inicio predeterminada. Microsoft Edge tiene su página de inicio, que es la que aparece en la figura 6.4, con las barras de herramientas e información variable como noticias, el tiempo, etc. Si usted se pierde navegando por Internet y quiere regresar a la página de inicio, haga clic en el botón Inicio de la barra de herramientas de la izquierda, que tiene forma de casita.

Los botones Anterior y Siguiente

El botón Anterior aparece desactivado al principio, porque todavía no hemos visitado ninguna página. Una vez que visitemos una página, se activará. Haga clic en él para volver a la página primera. Una vez en ella, se habrá activado también el botón Siguiente. Haga clic en él para regresar a la página que acaba de dejar.

El Creador de Imágenes de Bing

Microsoft Edge ofrece una nueva función llamada Creador de imágenes de Bing, que incorpora inteligencia artificial para permitir crear imágenes y dibujos a partir de descripciones de texto. Si usted describe una imagen que desee obtener, por ejemplo cielo, el programa le ofrecerá varias imágenes que podrá descargar y utilizar como desee, puesto que son gratuitas y libres de derechos.

La descripción puede ser tan amplia y detallada como desee. Puede tratarse de una imagen concreta, como niños jugando al corro en el patio del colegio, o de una imagen abstracta, como por fin encontré trabajo tras largo tiempo de buscarlo.

Es posible que el Creador de imágenes rechace alguna propuesta, si considera que el contenido es inadecuado, aunque para usted sea totalmente inocuo. Pero la inteligencia artificial carece de sentido crítico y no sabe hacer más que aquello que ha aprendido. La creatividad es exclusiva del ser humano.

PRÁCTICA

1. Ponga en marcha Microsoft Edge haciendo clic en su icono de la barra de tareas.
2. Haga clic en el botón Image Creator de la barra de herramientas vertical de la derecha.

3. Haga clic en la casilla Quieres ver cómo funciona el Creador de imágenes?, escriba la descripción exacta de la imagen que desee, por ejemplo: **niños jugando al corro en el patio del colegio** y haga clic en el botón Crear, como muestra la figura 6.6.

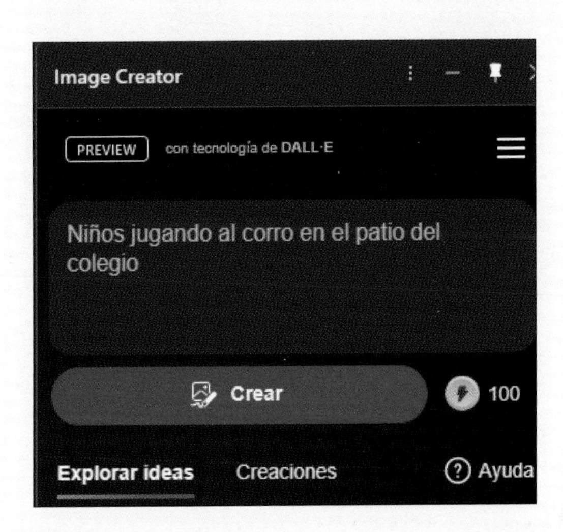

Figura 6.6. Escriba la descripción de la imagen.

4. El Creador de imágenes tardará unos pocos segundos, según la complejidad de la imagen solicitada, al cabo de los cuales, le presentará un grupo de imágenes, normalmente, cuatro, como puede ver en la figura 6.7.
5. Haga clic en la imagen que desee para verla en la ventana de la izquierda. Si quiere tenerlas todas, haga clic en una a continuación de otra.
6. Haga clic con el botón derecho del ratón en la imagen situada en la ventana izquierda y seleccione la opción Guardar imagen como en el menú.
7. En la ventana Guardar como, escriba el nombre de la imagen y haga clic en Guardar. La imagen quedará guardada en la carpeta Imágenes del Explorador de archivos

Figura 6.7. Las imágenes creadas y la seleccionada.

TRUCO:

Si el icono Image Creator no se encuentra en la barra de herramientas, haga lo siguiente:

1. Haga clic en el botón Personalizar barra de tareas, que tiene forma de cruz. 
2. Haga clic en la casilla Buscar en la web y escriba **creador de imágenes de bing**.
3. Haga clic en Image Creator from Microsoft Bing o Generador de imágenes de Bing.
4. En la ventana de la derecha, Agregar un sitio, haga clic en Agregar página actual.

EL CORREO

La aplicación de correo de Microsoft es Hotmail. Su cuenta de correo se compone del nombre que haya elegido, la arroba @ y el nombre del servidor `hotmail.com`. La arroba sirve para separar el nombre del usuario del nombre del servidor.

PRÁCTICA

Conozca Hotmail:

1. Haga clic en el icono Correo del menú Inicio de Windows.
2. Aparecerá la bandeja de entrada con los mensajes recibidos. Aproxime el puntero del ratón a los botones de las barras de herramientas para ver su utilidad. Haga clic en un mensaje para leerlo.
3. Si es un mensaje sospechoso, no lo abra. No haga clic, acerque el puntero del ratón al mensaje y haga clic en el botón Eliminar este elemento ( ), que tiene forma de papelera, para borrarlo.
4. Si el mensaje contiene un archivo adjunto, un documento o una imagen, la barra de herramientas mostrará un icono con forma de clip. Haga clic en el botón derecho sobre el icono y seleccione Abrir o Guardar en el menú.
5. Para contestar, haga clic en la opción Responder. Si el mensaje va dirigido a varios destinatarios, puede contestar a todos a la vez haciendo clic en Responder a todos. La opción Reenviar envía este mensaje a otro usuario, cuya dirección de correo deberá localizar en la lista de contactos, haciendo clic en Para:.
6. Haga clic en el botón Acciones que muestra tres puntos suspensivos para ver las opciones, como se ve en la figura 6.8. Haga clic en la que desee.

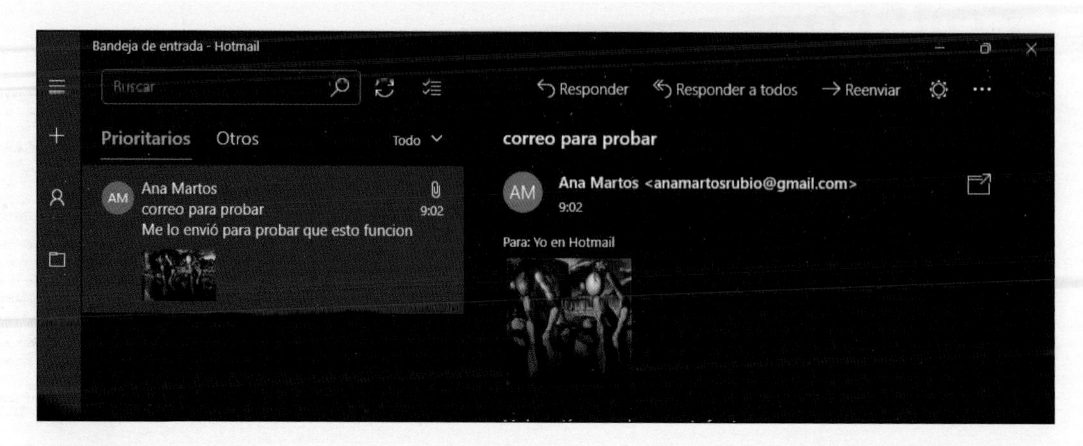

Figura 6.8. Hotmail con un mensaje que lleva un archivo adjunto.

PRÁCTICA

Escriba un mensaje:

1. Haga clic en el botón Correo nuevo de la barra de herramientas de Hotmail que tiene forma de signo +.
2. En la ventana del nuevo mensaje haga clic en el botón Elegir contactos de la barra de herramientas junto a la opción Para:. Tiene forma humana. El botón CC envía copia del mensaje a otro contacto y CCO envía copia oculta.

   CC y CCO
3. Seleccione el contacto o los contactos en la lista. Haga clic en el botón Hecho para cada contacto seleccionado. Para eliminar un contacto de Para:, haga clic en él y seleccione Quitar en el menú.
4. Haga clic en Asunto, escríbalo y haga clic en el campo inferior para escribir el mensaje. Para enviar un archivo adjunto, haga clic en Insertar en la barra de herramientas y seleccione Archivo. Localice el documento o imagen en la ventana Abrir y haga clic en el botón Abrir.
5. Haga clic en Enviar o en Descartar si no quiere enviarlo.